W0398345

Gaston, Gaulois

Pierre-André Chapelle

Gaston, Gaulois

Éditions Sydney Laurent – Pierre-André Chapelle
ISBN : 979-10-326-7575-5
Dépôt légal : juin 2022

Le Code de la propriété intellectuelle n'autorisant, aux termes des paragraphes 2 et 3 de l'article L. 122-5, d'une part, que les « copies ou reproductions strictement réservées à l'usage privé du copiste et non destinées à une utilisation collective » et, d'autre part, sous réserve du nom de l'auteur et de la source, que les « analyses et les courtes citations justifiées par le caractère critique, polémique, pédagogique, scientifique ou d'information », toute représentation ou reproduction intégrale ou partielle, faite sans le consentement de l'auteur ou de ses ayants droit ou ayants cause, est illicite (article L. 122-4). Cette représentation ou reproduction, par quelque procédé que ce soit, constituerait donc une contrefaçon sanctionnée par les articles L. 335-2 et suivants du Code de la propriété intellectuelle.

PREMIER TOME

AVANT-PROPOS

Ci n'entrez pas hypocrites, bigots,
Vieux matagots, marmiteux boursouflez.
Torcous, badauds plus que n'étaient les Goths
Ni Ostrogoths, précurseurs des magots ;
Hères, cagots, cafards empantouflés.
Gueux mitouflés, frappards écorniflés,
Befflés, enflés, fagoteurs de tabus,
Tirez ailleurs pour vendre vos abus…

Vos abus méchants
Rempliraient mes camps
De méchanceté.
Et par fausseté
Troubleraient mes chants
Vos abus méchants.

Chapitre 1

« I' n'avait qu'une seul' passion : seul's les créatur's dont les poumons étaient très pointus au travers du corsage étaient dign's d'intérêt ».

Cette histoire raconte une séquence de la vie d'un homme qui fit la Grande Guerre, celle de 14/18 : GASTON.

Ce poilu devenu Grand-Père, avait expliqué sa guerre de tranchées en prenant sur ses genoux son petit-fils des heures durant, chaque jeudi après-midi. Parfois dans le jardin, parfois devant un feu de cheminée. Et ce, presque jusqu'à sa mort, en 1952.

Ce témoin, enfant devenu vieux, et sentant venir sa mort prochaine, fier d'être Français, tente donc d'intéresser, à son tour, son petit-fils à l'Histoire de France. À sa manière, façon « petite histoire ». Celle qui, en vérité, fait la Grande Histoire.

Par exemple, en tant que modèle étalon d'un Français typique. En essayant de décrire ce que disaient de lui ses amis, chasseurs, buveurs, et autres envieux. En toute amitié et toujours respectueux de ses faits d'armes :

« I' descendait de d'ssus les femm's que pou' pisser ».

Le lecteur a définitivement compris que Gaston avait une forte personnalité.

L'opinion générale était unanime :

« I n' pensait qu'à dilapider son temps au lit des épousées d' ses copains ou voisins. Parfois même des inconnus, mais il mettait toujours un point d'honneur à avoir vu le mari « avant » de consommer la plus belle du jour. Rejetant les mal-mariées, mais gardant « quand mêm' les moch' », si le mari lui convenait. « Parce que les moches avaient tout à se faire pardonner et faisaient plus d'efforts au lit que les belles » arguait-il. Mais aussi « par élégance » reconnaissait-il afin de rester distingué, courtois, prévenant. Ou prévoyant ? Bref, un Français galant avant tout. »

Je vous propose donc de suivre un récit totalement historique, complètement objectif, absolument non autocensuré, définitivement à l'honneur de notre France et de ses petits Français :

Gaston était « bien né ». Il avait hérité d'une coquette fortune à base d'immeubles, terres agricoles, et même de vignes dans une région pourtant peu pourvue en un tel végétal : la plaine de Taverny, entre Paris et Pontoise. Mais sur un coteau bien exposé, plein sud.

Malheur.

Gaston apprend par affiche qu'il est mobilisé.

Le samedi 1er août 1914, à zéro heure.

Sans délai.

Dans l'infanterie.

Tout le monde autour de lui est convaincu de deux choses : « cette guerre sera courte, car notre armée est la plus forte, la mieux équipée ». Et secundo, ce sera une belle revanche contre les « schleus » de 1870.

Il met donc une fleur dans le canon de son fusil, comme ses compagnons, au moment de monter dans le train.

Il faut croire que les Dieux ont des vues différentes. Cette guerre ne se déroulera pas vraiment, même pas du tout, comme prévu. Gaston fera partie des combattants « léchés » par les gaz toxiques, dits moutarde en raison de leur couleur. Ce détail va changer le cours d'une vie qui aurait dû être facile, tranquille, bien programmée. Insignifiante peut-être, mais peinarde !

En effet, cette exposition aux gaz, suffisamment légère pour ne pas le tuer, mais suffisamment grave pour l'hospitaliser plusieurs semaines, lui fit prendre conscience que l'on n'a qu'une seule vie. Et qu'il est urgent, quotidiennement, d'en profiter. Toute affaire cessante.

Vous vous joignez à nous ? Voici la petite histoire de Gaston au cours des années 1914-1918 :

Adoncques, à sa sortie de l'hôpital, en août 1918, lorsqu'il fut déclaré inapte au service actif, au lieu de rentrer chez lui immédiatement, il se convainquit (facilement) de faire un petit détour par Paris. Pour voir. Comme ça, par simple curiosité.

Surtout, pour se rassurer : les nuits parisiennes étaient-elles toujours vivaces ? Les filles, le champagne, le rire et la folie étaient-ils toujours à leur place ? Dès le premier soir, il déambula du côté de Clichy et Montmartre. Il marcha en parlant avec des inconnus, entra dans des bars pour siroter un café-calva, comme autrefois. Il voulait se frotter à la vraie vie du début de ce siècle. Il lui fallait retrouver l'atmosphère de ces années de bonheur. Il avait envie de raconter autour de lui tout ce qu'il avait vu, souffert, haï. Tout ce qu'il voulait oublier. Tout ce qu'il voulait faire disparaître de sa mémoire : se laver, se désinfecter, se blanchir de tous ces instants d'horreur. Ne plus jamais avoir cette peur, cette angoisse de « l'alerte », qui lui vidait le cerveau, les tripes et la vessie. (Mais, sans pouvoir se changer).

Il parla tant et tant que sa langue devint sèche et qu'il lui fallut boire beaucoup. Cependant, après tant de semestres de sevrage, son organisme ne tenait plus la cadence.

Vers la fin de son « errance nocturne », il se souvint d'avoir parlé avec une belle jeune fille aux yeux bleus :

– Dis donc, tu veux ma photo ? T'es pas fatigué de m'regarder, comm'ça sans bouger depuis une heure ? Ça t'inspire quoi de m'dévisager depuis tout c' temps ? Si tu continues, tu vas fair' des crampes ! Tu vas voir pousser des champignons dans tes orteils ?

– Je ne vous dévisage pas, jeune et belle damoiselle, je vous envisage ! répondit-il avec un grand sourire.

Si bien que le lendemain matin, il se réveilla dans le lit d'une brune aux yeux bleus, d'une vingtaine d'années, avec des poumons bien pleins et bien pointus comme il les aimait.

– Pas de doute se dit-il, la vie n'est pas que chiante.

Quelques jours plus tard, littéralement tiré par la belle Marie – puisque tel était son prénom – il se retrouva en train de prendre une réservation pour le prochain transatlantique à destination de New York dans une cabine de première classe. Avec départ dans dix jours.

Las, mil fois hélas, dix jours en cette période de très grands changements stratégiques et géopolitiques chaque jour, c'est très long !

Or, les paperasseries diverses n'arrangeaient rien du tout pour cet homme qui avait, faut-il le rappeler, été bercé quelques semaines auparavant, dans les bras de la Grande Faucheuse. Parvenu à lui échapper, il en gardait quand même une toux féroce et épuisante. Sans parler de l'essoufflement au plus petit effort. Il s'était donc juré de ne plus jamais avoir à « subir » une loi qu'il ne s'était pas librement imposée à lui-même. Le premier de ces interdits était évident : ne plus jamais recevoir aucun ordre, ou ne plus jamais avoir à se justifier s'il a la conscience tranquille. POINT FINAL ! Ni discutable ni négociable. Ah mais ! La première déduction était donc immanente : ne plus avoir à affronter la moindre paperasserie administrative. Aucune, puisque c'est elle qui l'avait envoyé à cette immense boucherie inimaginable, monstrueuse. Inhumaine. Même une « hirondelle » (agent de la paix de l'époque) était un tourment tel qu'il préférait traverser les rues dans les passages piétonniers plutôt que d'avoir à répondre à des remontrances ou autre « réflexion » de petit-chef. Un flic, c'était devenu pour lui le début de la tyrannie menant à la guerre ! Une fois, avant cette saloperie de guerre, il en avait même traité un de « pauv'typeconcentrédeconn'riecompulsive ».

Traîné devant le juge, pour injure à un membre des forces de l'ordre, ce dernier n'avait pu lui donner les termes exacts de l'offense présumée, pour cause de l'impossibilité du plaignant de pouvoir répéter avec certitude et précision l'injure !

Alors, magnanime, Gaston avait répété ce qui, à son avis devait être – approximativement – l'objet de sa présence en ce lieu :

– Peut-être mon adversaire reconnaîtra-t-il ce qu'il a pris pour une injure. Si ma mémoire est bonne, je vous laisse en juger, Monsieur le Juge : « Pauvre type, votre attitude est agressive »...

Le juge en resta coi :

– C'est tout ? Tout ça pour ça ?
Et haussant les épaules, le juge conclut l'affaire par un méprisant : « Quel con ! » Un chuchotement pour son bonnet, mais trop fort quand même !

– Je ne sais pas, M. le juge, mais à bien l'examiner, je suis de votre avis : nous sommes en droit de penser que cette hypothèse est tout à fait plausible.

Cette histoire va le suivre toute sa vie !

Oui, mais, pour partir en direction de New York, il y avait des obligations administrativo -juridico-financières-etc. Et autres à remplir. Surtout pour immigrer. Extrait d'acte de naissance, situation matrimoniale, pour n'en citer que les plus élémentaires. Pas simple pour un homme déjà marié. Et non encore disposé à divorcer en plus !

Devant l'accumulation des barrages insurmontables pour un réfractaire, et de retour dans la chambre de Marie, à l'hôtel du « Printemps des plaisirs », il s'assit sur la seule chaise de cette chambre, se prit la tête entre les mains, soi-disant pour réfléchir, et… s'endormit ! Épuisé.

Ce que Marie ne réalisa pas tout de suite puisqu'elle avait à revisiter la façade de son minois. Au bout d'une bonne dizaine de minutes, elle le réveilla en sursaut, brutalement : elle était surprise, énervée, en colère devant cette apathie inadmissible au moment où chaque minute comptait pour faire les papiers administratifs.

– Gaston, mais qu'est-c' tu fous ? qu'est-c'que tu m'fais là ? Sors de là au plus vite ! dit la belle de sa voix la plus haut perchée, la plus pointue et la plus perçante. Tonitruante.

Le réveil fut trop brutal pour Gaston. S'écroulant de sa chaise brutalement, il eut l'impression d'entendre « l'alarme » qui précédait ou accompagnait chaque nouvelle attaque des boches.

Il se releva d'un bond en cherchant son fusil, et la fuite, immédiatement, droit devant. Son cerveau lui beuglait : « survivre avant tout ». Tournant en rond dans la petite chambre, le dos bien courbé pour éviter la mitraille, il se mit à hurler de toutes ses forces : « Sauve qui peut, tout le monde aux abris ». Ses yeux lui sortaient de ses orbites ! Il courait comme un dément, en hurlant sa panique puisque ses compagnons de misère ne répondaient pas à sa mise en garde.

Plus il attendait cette réponse, plus il hurlait :

– Aux abris, les schleus lancent une offensive.

Marie, en pleine panique, entonna le grand air de l'hystérie et hurla encore plus fort que les canons et la mitraille. En quelques secondes, l'ambiance de Verdun se recréa dans la chambre 205 de 9,52 mètres carrés. Le souffle soulevait les rideaux, faisait trembler les murs. Un orchestre philharmonique, avec chœurs, venait d'attaquer une œuvre hors du temps, totalement démesurée, énorme. Enfoncés les Wagner et autre Beethoven ! Ici, la symphonie était ample, plus martiale, beaucoup plus vaste avec cet arc-en-ciel des moyens mis en œuvre.

Une chasse d'eau à l'étage supérieur compléta le tableau en annonçant l'orage, voire l'ouragan.

De la chambre voisine de droite, un poing cogna au mur, une énorme voix faisant trembler sa structure :

– Mais qu'est-c' qu'i' lui fait ? C'est pas Dieu possib', i'sont plusieurs la-d'dans. Ah ? c'est-i-des humains ou des bêt's sauvages ? Faut qu'i'm'montre son truc pour qu' j'en fasse autant à ma Louise ! Ça la décoinç'ra !

Les violons des chambres voisines avaient entamé un nouvel opéra. Un opéra presque comique. Les instruments à vent donnaient à fond, les percussions venaient en éclaireurs, suivis des trompettes et juste derrière les instruments à cordes de la section rythmique.

Marie cria encore plus fort, encore plus aigu. Son angoisse dépassait tous les plus habituels sentiments humains.

Gaston était maintenant à quatre pattes et cherchait un trou dans lequel se couler, en maudissant ses camarades, le ciel et le commandement qui étaient responsables de cette chienlit, de cette boucherie sans fin.

De l'étage du dessous, sonna un clairon :

– C'est pas un homme, c'est toute la cavalerie qui charge au-dessus. Ils sont même au galop. C'est que des héros ! C'est Reichshoffen : les cuirassiers vont-ils débouler dans l'heure ? Vive la France !

Gaston avait réussi à attraper la bretelle du sac à main de Marie et la tenait comme il tenait il y a quelques semaines encore son masque à gaz. Sans lui, sa mort était assurée.

Des coups au plafond stimulèrent le chœur des ex-vierges en joignant leurs meuglements aux barrissements de l'autre voisine de gauche : les percussions reprenaient, en rythmant et l'amplifiant, le thème central de ce véritable drame lyrique.

Gaston rampait maintenant en tirant sur son étui de masque à gaz et hurlant de plus en plus fort :

– Hé, camarades, va falloir faire une sortie pour calmer nos assaillants.

De là-haut arriva au travers des plafonds et cloisons :

– Elle a raison l'autr'trompette. Ah ce s'rait bien si que nous, pauv'femm's, on avait tout's des amants d'cett'pointur'là. Tu t'rends compte, on aurait à tous les coups les orteils en bouquets d'violett's.

Les violons avaient maintenant le dessus. La mélodie s'était adoucie. Le tempo était decrescendo.

Une autre voix reprit :

– C'est toujours Marie qui dégotte le meilleur client. Moi, ell'm'laissent les fainéants du caleçon, les amoindris du…

Un immense cri interrompit cette description, pourtant vérifiable, de l'inégalité entre les êtres. Confirmé par un énorme bruit de claque, colossal, sec et définitif. Et la réplique bien méritée :

– Tu sais c'qui t'dit l'fatigué du cal'çon ? D'abord, que j'ai tell'ment de cœur pour affronter l'ouvrage qu'j'aurais pu êtr'à Austerlitz, avec le grand, le Seul, Le Vrai Napoléon. Secundo, que c'est ton boulot, mauvais' garce, d'réveiller l'artisan épuisé par un travail bien fait, et qui souffle un peu avant d'reprendre sa varlope. Et troisièm'ment que c'est pas en chargeant la mule qu'on va plus vite ou plus loin ! Non, mais !

La réprimande avait été bien ajustée, et la plaignante, se le tenant pour dit, resta enfin bouche cousue. Stimulé par cette saillie bien sentie, le poseur de rails reprit son ouvrage de forçat de l'endurance.

Immédiatement, un des voisins qui avait entendu cette réplique proposa son aide. En effet, dans ce genre d'institution très largement philanthropique, il y a fort couramment des promoteurs, véritables artistes de l'altruisme désintéressé, prêts à offrir leur aide pour achever, voire améliorer la prestation (un observateur impartial, honnête, mais méticuleux, vous fera remarquer que ces propositions sont toujours orientées vers plus d'amphigouris ; plutôt que vers le classicisme) :

– Cher voisin permettez que je vous propose mon aide : à deux on distingue plus vite, et mieux, une solution face à un problème inattendu, une partenaire désinvolte. Et cette solution n'en est alors que plus belle, plus glorieuse, plus riche en émotions. À deux compères, l'embrasement des sens pour chacun est amplifié, exacerbé. Bref, il est toujours assuré.

– Merci Camarade, mais je vais montrer à cette charmante jeun' fille que dans la vie, il n'y a pas d'homm's fatigués, mais seul'ment des femm's peu consciencieuses.

De la chambre d'en face arriva la partition d'une soprano colorature :

– Ah, continue, ça c'est bon. Le mien vient d's'emballer, les filles. On s'croirait à Longchamp dans la dernière ligne droite, vas-y mon gars, chang' pas d'rythme, j'sens qu'ça vient.

L'air des bijoux de Faust était du petit lait à côté de cet impromptu.

Tout l'hôtel venait d'être ragaillardi par cet échange de réflexions philosophiques, et ses dérivés comme les horions. Tous les occupants flottaient dans un espace romantique fait de bonté, béatitude et autre insousiance.

C'est alors…

C'est alors que Gaston trouva enfin le salut en plongeant sous le lit. Le salut, oui. Mais pas la tranquillité du cessez-le-feu.

Ragaillardi, il se mit à entonner la Marseillaise : il voulait bien mourir, mais pas en se déshonorant. Il voulait partir pour l'autre monde fièrement pour ne pas faire honte à ses aïeux. Ne pas être un de ces agents du déclin planqués à l'arrière. Et il brailla de plus en plus fort avec le bruit croissant qui envahissait l'hôtel et cherchait à étouffer son patriotisme, son amour de la France éternelle que lui avaient légué ses pères. Puisqu'il allait mourir pour la France en héros digne de Roland à Roncevaux, n'ayons pas peur des mots : de Jeanne la Lorraine !

– Moi, j'vous dis qu'y a un escadron d' la Légion dans la chambre du dessus, expliqua une voix de femme qui entonna le plus fort qu'elle put, soprano lyrique en quelque sorte : « Tiens, voilà du boudin, voilà du boudin… »

Une autre :

– C'est un reportage sur le front. On va assister à la contr'offensive pour… »

Elle ne put continuer, car au rez-de-chaussée, le chien du patron lança un cri effroyable, mélange de fin du monde et de grande exaltation. Un déchaînement. Une tornade destructrice. La fusion entre tous les êtres vivants s'installait. On atteignait la troisième époque de l'humanisme des lumières. La fission au cœur de l'atome. On arrivait peut-être enfin au cœur du cyclone ?

En cinq minutes, tout l'hôtel fut en état d'alerte maximal. Tout le monde était monté sur le pont, prêt à sauter dans les chaloupes et à la mer. Les Prussiens étaient aux portes de Paris. Revoilà 1870 ! Bref, il ne manquait plus que le tocsin.

Certains clients s'étaient rhabillés à la hâte et tentaient de fuir sans payer la « passe ». Réflexe bien connu des michetonneuses. Le chant des sirènes redémarra encore plus aigu, plus exotique, et plus efficace contre ces bourgeois grippe-sous. Ces profiteurs que l'on retrouve à chaque manifestation des travailleurs exploités par un patronat ou un État aveugle, sourd, méprisant et médisant. Ils en profitent toujours pour piller, casser, et caillasser les plus faibles.

– Attention les filles, y'en a qui cherchent à s'évader sans honorer not' participation à la Paix-des-braves.

Toutes les demoiselles se mirent à témoigner dans un chœur touchant, et haut en décibels, de leur attachement aux valeurs séculaires, fraternelles, humanitaires de leur sacerdoce.

– Ah non, pas d'ça Lisette ! Par ici l'oseille, ou j'te châtre avec les dents ! était la menace la plus payante, et utilisée pour son côté rêverie efficace.

– J'ai fait rugir ton outil, et tu m'as dit qu't'as aimé ce travail bien fait, alors penses à mes bonnes œuvres, lança une pragmatique en bloquant la porte avec son dos. Et en tendant la main.

– T'as entendu la chambre voisine qui disait qu'vous deviez être à plusieurs ? T'as d'la chance que j'te d'mand'pas le prix d'un' passe à trois ou quatre participants. Alors tu paies ou j'appell'la maréchaussée.

Et le regard ne laissait aucun doute sur la colère.

Pour ne citer que les plus convenables.

Tant et si bien que le niveau sonore dépassait maintenant de loin l'enceinte de l'établissement. La vitre d'une fenêtre sur rue explosa et les passants levèrent la tête : enfin un spectacle gratuit et différent pour égayer ce morne quotidien. Ce moral des cieux gris, sans soleil pendant des jours et des semaines. Enfin un drame vécu en plein jour et sans intermédiaire. En un mot : un divertissement bienvenu en cette morne période de guerre, calamités et restrictions.

Le niveau sonore attisait les hypothèses. Toutes étaient proposées, envisagées : un meurtre, peut-être ? Un massacre, vraisemblablement ? Un génocide, pourquoi pas ?

De la chambre située en dessous du théâtre de ce drame, la colère d'un client suisse (vraisemblablement d'un canton alémanique) fit vibrer toute l'architecture du bâtiment :

– Arrrhh, Nom te Tieu, che zuis zûr qu'il y a aussi au-tessus te nous un pouc ! Fous afez pas ententu le pruit te zes zabots ? Un pouc, ch'en zuis zur !

Ce détail sortit le gérant de son inaction.

Il décida de frapper un grand coup et de ramener le calme habituel, qui faisait la réputation de son palace, envié même à Versailles, à Monte-Carlo et Deauville, disait-il le plus humblement du monde à ses clients.

Sitôt pensé, sitôt exécuté ! du bout du couloir, le tenancier arriva avec un seau rempli d'eau, espérant calmer l'incendie, qui manifestement avait embrasé son hôtellerie. La porte de la chambre 205 ne s'ouvrant pas, il se vengea à grands coups de pied, éventrant son panneau inférieur. Son impatience était ample, vaste, violente. Gigantesque. Voire même superlative, osons le mot. Bref, son envie d'en découdre atteignait une acmé, inconnue jusqu'à ce jour ? Et pourtant il en avait connu, subi, maté.

Gaston hurla du fond de son trou :

– J'vous l'avais dit, voilà les obus. Ils ont dû utiliser la grosse Bertha ? Et replongea la tête sous le lit.

Marie s'était mise à genoux aux pieds du lit et priait :

– Jésus, Marie, Joseph, je vous demande ce que j'ai pu faire au Bon Dieu pour mériter ça.

Elle était secouée par les plus profonds des sanglots que la terre eût jamais portés.

Le patron du palace sans aucune étoile – ce qui en faisait sa rareté, son charme disait-il – devint ivre d'une colère sans limites, immense, incommensurable. Habitué des frasques de ses clients, il s'attendait à une furia amoureuse. Mais, dans le cas présent, ce drame lyrique dépassait de loin tout ce qu'il avait déjà enduré. Supporté patiemment. Et régulièrement.

– Marie, c'est la premièr' fois qu' tu nous amèn' un client comme çui-là. Faudra trouver moyen d'moyenner à pas r'commencer ! rugissait-il en faisant le tour de la pièce, son seau à la main, prêt à étouffer le départ de cet incendie.

Un peu déçu quand même de ne pas trouver de chevauchée magnifique, de femme martyrisée. Voire même une charge héroïque comparable aux fastueuses épopées amoureuses de la cavalerie napoléonienne. Avec ce fameux point de départ du saut à partir du sommet de la commode sur une victime consentante. Poète de la série des guerriers teutons romanesques à ses heures. Mais piètre historien.

Et surpris de ne pas voir de flammes. Vraiment pas. Aucune. Nulle part. Bigre !

Reprenant enfin ses esprits, Gaston sortit de sous le lit. Sans omettre de prendre la sage précaution d'agiter ses mains loin devant lui, en signe de soumission, d'abandon total des hostilités. Implorant par son attitude la rémission de ses tentatives de résistance.

– Qu'est-cet'i qu'cet'chos'là ? Demanda le patron, le seau d'eau prêt à l'assaut. I'faudrait sortir d'là sans fair'un gest'dang'reux, camarade ! Sinon c'est la Beresina, c'est Trafalgar et tout l'toutime ! J'fais donner la caval'rie, i'paraît mêm'que maint'nant, on a des chars d'assaut qu'ils appell'comm' ça ! Alors, mêm' pour les oreill's, tu boug' lentement, tout doux et sans bruit. Compris ?

Le ton ne prêtait à aucune hésitation. Aucune insoumission. Même pas une ébauche d'hésitation.

Devant la reddition totale de Gaston, il posa son seau et en profita pour aller examiner la porte qu'il avait éventrée. Sur le palier, il prit sa plus belle voix pour imposer, en hurlant du plus profond de son être, le silence à tout l'hôtel, dans la veine de sa culture diplomatique qui rendait sublime sa réputation dans tout le quartier :

– Vos gueul'là-d'dans. Merd'enfin, on est pas dans un bordel ici. C'est un hôtel qu'a d'la t'nue et un'réputation à maint'nir. Alors l' premier qui va au renaud, j'lui cloque un'pénalité su' l'prix d'la chambre pour cause de nuisanc'à autrui. Non mais des fois ! Les clients sont sacrés ici, ils viennen' pour trouver l'plaisir, louer un apais'ment bien mérité, dans une ambiance de sérénité, de tranquillité, de paix. Pas pour êtr' emmerdés par vos cris ou manifestations hors de propos. Enfin quoi ! J'exige un calme immédiat ou ce sera la loi du Talion.

Il ne savait pas vraiment ce qu'était cette loi, mais il avait été impressionné lorsqu'il l'avait découverte ! Toujours est-il que la tirade, martiale, fut appuyée d'un coup de menton sec et impérial.

Satisfait de lui, plein de lui-même et de son couplet à très haute teneur diplomatique, tactique, voire même stratégique, ou comblé par son opportunisme, il retourna dans la chambre en se grandissant le plus possible. Il tenait à bien se démontrer à lui-même que, même petit, il pouvait faire preuve d'autorité et d'efficacité dans les moments de grand péril. Il se sentait prêt à retourner dans la cage aux fauves. Pour les mater.

Son appel au calme avait produit son petit effet. La chambre où venait de se perpétrer l'assassinat de la légende de son hôtel-des-matins-calmes respirait maintenant, et enfin, la quiétude, le calme et sa volupté.

Marie était assise au pied du lit. Effondrée, abattue, secouée par des sanglots indomptables. Elle avait déjà trempé plusieurs mouchoirs et s'attaquait maintenant au drap du dessus de son lit. Sa main droite tordait, triturait, chiffonnait le bas de sa robe toute neuve, tandis que la gauche tirait sur le drap pour s'y moucher, s'essuyer les larmes et la bave.

– Eh la gosse, j'te change pas les draps tous les quinz'jours, même s'il' sont pas vraiment beaucoup tâchés, pour que tu m' les remplisses de morve. Vu le prix que tu m' reverses. Alors vas-y un peu plus calmement dans tes exploits démonstratifs.
Le patron se sentait soudainement fleur bleue.

Gaston était allongé sur le dos, à même le plancher. Épuisé. Anéanti. Vidé. Respirant difficilement. Son visage était blafard, paupières bleuâtres, trempé de sueurs. Ses yeux révulsés signaient à eux seuls un état de détresse respiratoire manifeste. Tellement manifeste que même le Thénardier de l'hôtel devint inquiet.

– Eh l'ami, faut pas paniquer, ça va s'arranger. Respire sans haine et sans crainte. Tout s'arrang' toujours. Sauf la mort !

Le début avait été bon. Mais là, il y avait un mot de trop.

Une boutade qui avait pour Gaston un sens autrement plus tragique que pour le tenancier. Il ne put contrôler un immense effroi. Un aveuglement encéphalique, un éclair dans un ciel de cyclone, un immense raz de marée. Et surtout, une énorme boule en pleine poitrine. Qui l'empêchait de respirer. D'avaler. De réfléchir. Une vision d'apocalypse, d'enfer, de flammes et d'étouffement : toutes choses insurmontables. En deux secondes, cette hallucination déclencha un irrépressible hoquet. Un haut-le-cœur ingouvernable. Il vomit en fusée. Dense. Opaque. Compacte. Un arc-en-ciel arriva sur les pompes du patron. Une énorme quiche pleine de toutes les vinasses de la veille. Qui maintenant sentaient plutôt le vinaigre. Voire pire, avec un peu d'ail, allez savoir. Un vrai fleuve que le pauvre Gaston n'arrivait même plus à maîtriser. Les chauds effluves acides, piquants et agressifs de ce torrent envahirent la chambre, imprégnant l'infâme tapis totalement et misérablement pelé. Puis, perverses, elles se précipitèrent dans le couloir par la porte défoncée. Un courant d'air inopportun qui passait par là les convoya immédiatement dans tous les étages. Ces exhalaisons subtiles, quoique voraces, épicées, mais si personnalisées, s'insinuèrent vicieusement sous toutes les portes. Jusqu'au dernier niveau. Et, bien sûr, au bout de quelques instants, les clients ne purent manquer de remarquer ce fumet étrange, cette senteur mordante, âcre, amère.

D'abord discrète puis franchement tenace. Et enfin, soyons francs et clairs : pour tout dire insupportable. La preuve : Une mouche, prise en otage dans le recoin d'une de ces chambres, tourna de l'œil et s'effondra sur la main d'une amazone. La suppliciée qui, à son tour, devant cette agression barbare, décida de jouer une scène de tragédie digne de Corneille, voire même du malade imaginaire. Immédiatement interrompue par un coup de poing vachard en plein plexus, venu d'un client peu enclin au romanesque, au sentimental, au fantastique.

Certains allèrent jusqu'à imaginer que les Allemands avaient trouvé un nouveau gaz de combat.

Au rez-de-chaussée, à l'arrivée de ce fumet, le chien se coucha en hurlant à la mort. Comme si son heure était venue. Fataliste !

La cloison gauche de cette fameuse chambre 205 se remit à trembler sous les coups de talon d'une chaussure.

– Eh, Voisin, c'est'i vous encor' qui nous gratifiez de cette fragrance orientale ? Ma cavalière me dit que c'est l' bouquet d' son eau de toilette, et que j'lui cherche des noises pour pas payer la passe.
Le baryton basse faisait savoir ainsi qu'il était enfin en mesure de donner toute l'étendue de son registre vocal. Se mettant en voix pour être prêt à plaider son refus de payer.

De la chambre de droite arriva le début d'un apaisement téléologique :

– J'ai d'abord cru qu'c'était d'la merde. J'suis allé à la porte, j'l'ai ouverte. J'ai rien vu. Alors, j'ai r'gretté qu'ça n'en soye pas. Pour m'venger, j'ai r'commencé mon œuvr' de scieur-de-long ! J'ai quand même ouvert la fenêtre, mais le cœur n'y était plus, c'était gâté.

On passait manifestement du registre musical à un niveau intellectuel plus élevé. Ou plus pragmatique. Du troisième étage arriva un souffle ténu, pointu, perçant, allant *decrescendo* :

Un : « AAAaaah, Je me meurs. Trop : c'est trop ! » accompagné d'un bruit de claques très net, ici aussi. Les clients de cet espace-loisirs avaient manifestement une thérapeutique assez uniforme face aux impedimenta de la vie quotidienne voluptueuse, mais rémunérée. Parfois inattendue !

Le gérant resta médusé par la tournure des évènements. Son seau lui tomba des mains et, se répandant autour de lui, délaya le vomi. Ce dernier, perfide comme lui seul, en profita sournoisement pour s'allonger et diffuser ainsi plus efficacement encore cette étonnante source d'essences aromatiques diversement qualifiables, sinon appréciées comme elles le méritaient.

Afin de calmer ses clients furieux, le qualificatif « d'épicé » fut même employé plus tard par le patron dans le but de tenter – voire même espérer, croire – d'atténuer l'ampleur du désastre odoriférant.

Le voisin du dessous (le seul alémanique de la journée ?) hurla encore plus fort que tout le monde :
– Che fous l'afais bien tit : à fue te nez, y'a ici un Pouc ! Che le sais pien : che suis jimiste tans les barvums.

Et il développa plus clairement son analyse. Il avait toujours rêvé d'enseigner :

– La note de tête m'éfoque ces vins palsamiques d'Emilie-Romagne ferzion alliacée, l'orichinalité ici c'est les senteurs d'akrumes très brononcées.

Enchanté de son étude passionnée et de sa démonstration, il poursuivit sa péroraison :

– Les notes de goeur, fiennent en guénéral blus tard gue tans ze kas : elles font toute la bersonnalité de la vrakrance qui fa turer plusieurs heures. Ici, les zenteurs zont moins fleuries, mais blus vruitées ou épicées gue de goutume.

Guant aux notes de fond, chelles gui fixent l'arôme, elles zont izi très cuirées. Peut-être un beu drop pour respecder l'égulibre. Le bois, la fanille font turer izi drès longtemps, même drop.

Ce chimiste ne semblait donc pas avoir une idée parfaitement arrêtée sur cette infusion, mais aimait disserter. Son hôtesse ne manifesta ni intérêt ni curiosité. Elle était plus qu'évanescente, déjà subcomateuse. Alors, furieux d'avoir un public amorphe, il renfila son pantalon, ses bretelles et sa redingote, happa son chapeau, ouvrit la porte et s'enfuit quatre à quatre sans se retourner. Et sans payer. La jeune déesse de l'amour succomba aux charmes de ces fumets complexes en s'écroulant sur elle-même sans un bruit. Elle ne fut retrouvée que quelques heures plus tard, encore toute troublée, émue par ces stimuli sensoriels inconnus, et quelque peu envahissants.

Mais à chaque nouvel assaut des voisins, Gaston avait un nouveau hoquet et donc répandait une nouvelle vague de ce « souvenir-d'un-soir-arrosé », façon parfum de grand renom : son Patchouli à lui, quoi ! Au bouquet chaque fois plus acrimonieux, plus vert, lâchons le mot : amer.

Le patron sentit que la défaite allait s'installer de façon certaine, mais cruellement. Il opéra donc un repli stratégique fort malin après avoir récupéré son seau. En maugréant toutefois que Marie était bel et bien la plus perfide de toutes ces jeunes filles auxquelles il avait tendu, si humainement, si charitablement la main pour les aider à sortir du ruisseau. Leur offrir une chambre les mettant à l'abri des frimas. Leur permettre de gagner dignement quelques petits sous et ainsi les aider à s'élever généreusement dans l'ascenseur social. Grand philanthrope à ses heures. Oubliant quand même de se souvenir que ces besogneuses lui assuraient un train de vie plus que confortable.

« Ell' perd rien pour attendre » fut sa conclusion, dans l'escalier le ramenant à son entrée, manifestement pleine de menaces.

Au bout de quelques quarts d'heure, le calme revint dans la chambre 205 de Marie et Gaston.

Gaston eut enfin le loisir d'expliquer que son réveil s'était effectué dans une vision de cauchemar : il s'était retrouvé sans aucune préparation dans sa tranchée au moment d'une attaque. Toutes sirènes hurlantes. Avec cette angoisse de mort imminente habituelle : Mitrailleur, terreur, douleur…

Ce que Marie comprit parfaitement. Cependant, elle en profita pour le culpabiliser en lui montrant l'état de la chambre, de sa propre tenue vestimentaire : sa robe détruite, et surtout de ses yeux tout gonflés et rougis par les pleurs, évoquant même, à la rigueur, la possible intervention d'un lapin russe au nombre de ses ancêtres. Quant à sa coiffure, un cyclone ne l'eut pas plus complètement détruite. Toutes choses qui lui interdisaient de se montrer à quiconque avant longtemps. Voire plus.

Gaston dit qu'il comprenait et demanda pardon en jurant qu'on ne l'y prendrait plus. Et rajouta un billet sur le lit.

Il avait appris et parfaitement assimilé les mots importants en cas de tempête. Même seulement de menace d'orage.

Mais le champ de bataille qu'était devenue la chambre faisait peur à voir !

Chapitre II

Le lendemain matin, après une nuit de repos, il dit sur un ton tout à fait normal qu'il allait sortir pour s'acheter des vêtements plus propres. Même le patron de l'hôtel ne trouva rien à redire. Surtout que Marie lui avait expliqué, pendant le sommeil de Gaston, les raisons, tout à fait normales, de cet incident totalement involontaire. Elle finit même par utiliser les mots : « Faut comprendre, c'est normal ! »

Gaston marcha sans but, sans se retourner.

Son cerveau ruminait la conduite à adopter. Marie était la femme parfaite. Peut-être trop bien, même sûrement pour lui. Même au lit d'ailleurs, finit-il par se convaincre. Il en arrivait à une conclusion simple et évidente : elle avait beaucoup trop de qualités, de beauté, intelligence, patience, générosité, altruisme, etc. pour n'appartenir qu'à un seul homme. Vivant dans un petit village de campagne, ce serait trop grave de ne pas partager tout ça, avec la gent masculine romantique et passionnée. Ces fantassins du romantisme tarifé, mais passager ou de courtes durées, etc.

De toute façon, elle ne pourrait pas rester longtemps avec un égoïste de sa trempe. La conclusion était évidente, mais pas forcément facile à prendre au sortir de l'enfer qu'il venait d'abandonner.

Fermez le ban. C'est alors seulement que l'idée de faire le tour de ses poches le piqua.

Elles étaient toutes vides ; désertes. Inoccupées. Abandonnées. Rien. Que dalle. Peau de balle. Zéro. Il refit un tour afin d'être certain : nulle part. Que pouic. Bernique ! Même pas une piécette d'un sou. Il était devenu SDF, clochard. Il refit un troisième tour pour se convaincre de sa totale nudité administrative et financière.

Le cher ange l'avait délesté de tout : papiers, argent, et même les réservations pour New York !

Il s'arrêta de marcher, souleva son chapeau : il était trempé de sueur. Une immense bouffée de chaleur l'avait trempé en un instant. Une flopée d'hypothèses, toutes pessimistes, lui obscurcissait le cerveau : un tube de colle venait de s'y déverser. De le colmater.

« Bravo : une belle et fière salope ! Chapeau, du grand art »

Il fit demi-tour au galop, redoutant d'arriver trop tard. Hélas, sa respiration ne lui permettait plus du tout de courir. Un rictus de haine lui serra le gosier : « saleté de Boches ! » dit-il tout haut, obligé de s'arrêter un instant pour reprendre son souffle.

Lorsqu'il arriva Rue Blanche, son esprit s'était calmé et cherchait une façon de récupérer ses biens sans déclencher la moindre escarmouche. Il poussa la porte d'entrée et faillit faire demi-tour en raison de l'odeur qui agrémentait l'ambiance du hall d'accueil. Il ressortit, aspira une grande goulée d'air pur parisien, fit un signe de croix, et re-entra d'un pas ferme et résolu avec un sourire discret, mais avenant.

Le patron était justement derrière le bureau d'accueil. Il leva les yeux et parut étonné.

– Que puis-je pour vous ? dit-il de façon neutre.

– Je reviens. Car au moment d'entrer dans le magasin où j'avais remarqué un costume qui me plaisait, je fis le tour de mes poches et me rendis compte qu'elles étaient toutes vides, archi-vides. Bref, complètement vides. Alors je reviens chercher mon portefeuille et mes papiers que Marie a dû sortir lorsqu'elle a nettoyé mon pauvre costume hier soir.

– Marie est partie dix minutes après vous avec tous ses bagages, en m' disant que vous r'viendriez régler la facture. J'ai trouvé ça un peu louche et j'ai tenté de lui faire comprendre que ça s'rait mieux qu'elle attend' votr' retour afin que j'sois certain d'êtr' défrayé de tous les dégâts.

Le ton était devenu plus doucereux. Et il continua :

– Dans les trent' secondes d' son arrivée, un homme est entré, l'a embrassée, a ramassé les valis's et les a emm'nées dans un' voitur' qui stationnait un peu plus bas. Puis, il est rev'nu, l'a pris' par le bras et l'a entraînée dehors sans un mot. Je n'ai mêm‘ pas eu le temps d' placer un mot.

Gaston en resta abasourdi ! Sidéré ! Frappé d'une stupeur incommensurable ! Renversé. Accablé. Foudroyé. Il chercha un siège, se laissa tomber dedans. Le fauteuil laissa échapper un soupir de détresse sous l'assaut. La carcasse des pieds sembla s'affaisser très nettement. Gaston demanda un calva.

– Ah, non, on va pas r'mettr'ça, répliqua le tenancier qui commençait à s'échauffer.

Hélas, Gaston venait de réaliser que les pires cauchemars qu'il avait imaginés lors de son demi-tour étaient en marche ! L'épuisement physique et moral laissa monter lentement, mais fermement une violente poussée de colère. Du genre de celle que ressent le condamné lorsqu'il est innocent, et qu'on lui lit la sentence de mort.

Il resta assis et d'une voix suave, il répliqua :

– Alors, cher aubergiste, quelle solution intelligente et diplomatique me proposez-vous ? Puisque j'ose croire que vous avez bien compris maintenant que la belle a emporté tous mes biens, toutes mes valeurs, tous mes papiers ?

Un esprit romanesque aurait pu entendre les violons de l'hymne à la joie derrière cette assertion d'apaisement. Une mouche se posa sur le front du tenancier et y déposa un souvenir avant d'aller prospecter ailleurs dans cet immeuble transformé en « Paradis-des-mouches-bleues ».

Le ton employé par Gaston n'eut pourtant pas l'heur de plaire à l'aubergiste :

– Eh ben, c'est simpl' vous payez et vous vous tirez !

La mémoire de Gaston lui récita :

– Ah non, c'est un peu court jeune homme,
On pouvait dire, Ô Dieu.

Mais afin de ne pas prolonger cet interlude, il se leva avec une lenteur calculée, déployant lentement son mètre quatre-vingt-cinq et son presque quintal en s'approchant, roulant des hanches, du bureau qu'il contourna avec un regard noir.

L'autre sauta de sa chaise et déploya, sur la pointe des pieds, son mètre soixante-quatre pour soixante-cinq kilos. Il comprit que la bonne humeur actuelle allait se déplacer vers un climat plus équatorial. Il pensait « type tornade ». Il se fourvoyait. Gaston était déjà parvenu au « stade ouragan ». Lui.

Sans un mot, Gaston le prit sous les aisselles, le souleva et l'emmena dans le hall pour l'y laisser choir sur un petit guéridon. Surpris par l'arrivée intempestive de ce présent inattendu (et inadapté à sa conformation plutôt chétive et féminine), le petit meuble plia ses petites jambes dans un bruissement délicat d'allumettes froissées.

Le taulier écrasa une larme de désespoir, se bava sur le plastron, et regarda Gaston avec un air nouveau, plus détendu. La vie venait de se détacher de son être frêle et misérable.

– On rang' les poignards et on discute ? Mmmh ? Plaida-t-il en se tassant dans ce qu'il restait de ce superbe guéridon totalement copié sur du Louis XVI après son exécution.

– Ah, Monsieur devient plus raisonnable. Alors, cet homme, tu devais l'avoir déjà vu. C'est son Mac. Comment est-il, quel âge, où crèche-t-il ? Il faut que je le retrouve vite si tu veux rentrer dans tes dépenses d'embellissement hôtelier.

– J'l'ai vu un' ou deux fois. Toujours furtif. Bien mis d' sa personne. Plus p'tit qu' vous. I'm'sembl'costaud quand mêm'. Brun. Doit pas habiter très loin.

– Il est impératif de le retrouver très vite, car dans mes papiers, il y a deux billets pour New York dans moins de huit jours. Est-ce que tu comprends ce que cela signifie ? Moi, je suis ruiné, car ils ont tous mes papiers et peuvent s'approprier mon identité en arrivant là-bas. Donc, tous mes biens. Et toi, personne ne te paiera. Plus jamais.

Une nouvelle mouche aux ailes bleues et corps noir se posa sur les pompes du taulier, y déposa un besoin urgent avant que celui-ci ait réalisé l'ampleur du désastre. Il se réveilla enfin :

– Attendez. J'ai une idée ; retrouvons sa voiture, et on le tient !

– Ah, bravo : bonne idée.
Puis après une seconde de réflexion :
– Mais moi, je ne peux rien : je n'ai jamais vu sa voiture ni sa tête ! Donc, tu me devances partout ! Et plus vite on s'y met, mieux ça vaut pour nous deux !

Le tenancier tordit le nez. Il trouvait cela un peu risqué.

– Et qui va s'occuper d' mon hôtel si j'quitte le hall d'accueil ? Mmmhh ?

– Bon, alors je vais t'expliquer quelque chose de génial : ou bien tu cherches avec énergie et efficacité, ou bien je fous le feu à ton clapier. Et comme ils m'ont décoré de la croix de guerre pour fait héroïque face à l'ennemi, je ne risque plus grand-chose. Tu saisis ?

L'autre se montra, subitement, totalement ouvert à la solution trouvée d'un commun accord !

– Allez, ferme ton gourbi et on y va.

Comme on était en fin de matinée, il n'y aurait en effet plus de client jusqu'au milieu de l'après-midi.

– Et qu'est-ce qu'on fait si on trouv' la voiture et pas l' mec ?

– Viens on fonce, on verra bien. Prends un couteau costaud et bien pointu, on ne sait jamais ?

Deux tours de clé et les voilà sur le trottoir en train de descendre vers le Moulin rouge.

Ils traversent le boulevard de Clichy, continuent tout droit et à cinquante mètres le petit indicateur s'arrêta :

– La voiture, c'est la noire. C'est son numéro.
Puis levant le nez, il regarda les immeubles :
– Celui-là, un jour, j'ai vu Marie en sortir. Son mac habite peut-être là ?

– Alors, on immobilise d'abord la voiture. Passe-moi le couteau, vite.

Et joignant le geste à la parole, Gaston enfonça le couteau bien pointu dans le flanc de trois pneus. Trois soupirs assez brefs, discrets, et tout était fait. Sans problème. Sans bruit ni éclat.

Il se tourna vers son compère :

– Maintenant, espérons qu'il y a une concierge chez ton Mac, on gagnera en efficacité ! et il l'entraîna vers la porte cochère. En expliquant sa stratégie.

Ils poussèrent la porte. Jusque-là, pas de problème.

En face, un hall d'entrée assez vaste, avec un escalier bien propre. Au milieu de celui-ci, une petite porte avec une vitre. Ils montent quatre marches. Gaston frappe au carreau.

– C'est pourquoi ?

– On voudrait voir Marie ?

– Qui c'est Marie ?

– Vous savez, cette demoiselle, qui vit avec un Monsieur qui habite dans cet immeuble.

Là, cette description devenait plus précise ! Mais pas forcément assez claire.

La porte s'ouvrit et une dame à la soixantaine, cheveux blancs, face rougeaude trahissant qu'elle n'avait pas trop l'habitude de se désaltérer avec du lait leur fit un grand sourire. Sans les dents.

– Je ne vois pas à qui vous pensez, lâcha-t-elle avec un petit air malin.

Gaston se traita, *in petto*, de noms d'oiseau : « Ah, Bon Dieu, mais c'est bien sûr » pensa-t-il en se tapant dans les mains. Puis tout haut :

– Donne-moi dix sous, vite.

L'aubergiste fit semblant de ne pas comprendre. Mais le regard de Gaston lui rendit toute sa mémoire. Il tendit l'argent à Gaston.

Celui-ci se retourna vers la bignole :

– Je pense que cela vous permettra de mettre un peu de beurre dans vos épinards.

Mais, la vieille n'était pas si facile à circonvenir que sa face l'avait laissé croire.

– Tout c'la ? P't'êt' bin, mais y aura pas beaucoup d'beurr', répondit-elle en contemplant sa paume. Ni d'épinards d'ailleurs avec tout ça, mon Prince.

Gaston fila un coup de pied vachard dans le tibia de son voisin.

– Désolé. Mais on est partis un peu vite sans prévoir de problèmes, car la demoiselle a quitté l'hôtel de ce Monsieur en laissant une valise pleine de vêtements neufs dans sa chambre. Alors, on la cherche et on doit aussi lui rendre l'argent qui traînait sur la table de nuit.

La pipelette se dit qu'elle pourrait alors demander aussi une aumône à la fille.

– Dans ces conditions, bien sûr. Mais dit's pas qu' c'est moi qui vous l'ai dit. L' Monsieur, il aim' pas êtr' dérangé. Puis après une seconde : c'est au troisième droite.

– Merci beaucoup Madame. Et ils sont là ?

– Oui, i' sont rentrés y a environ une heure.

Les deux complices gravirent les marches deux par deux. Rassurés : les oiseaux étaient au nid.

Au deuxième, Gaston s'arrêta pour reprendre son souffle et ils repartirent plus lentement.

Gaston frappa à la porte normalement. Très vite, une voix d'homme :

– Qu'est-ce que c'est ? Voix dédaigneuse.

– Un voisin : votre voiture… Elle a deux pneus crevés.

– Quoi ? La voix était devenue haut perchée. Et intéressée.

– Votre voiture dans la rue, elle a… Allait reprendre Gaston.

La porte s'ouvrit brutalement, un homme jeune, la petite trentaine, en chemise, bien blanche, sortit en colère.

– Qu'est-c' que c'est qu' cette histoire ?

– Eh bien en marchant, mon ami m'a fait remarquer votre voiture à plat. Un passant nous a dit que le propriétaire habitait cet immeuble…

Il ne put finir son histoire, l'autre rentrait dans l'appartement et hurlait à quelqu'un :
– Je reviens, ma voiture est à plat. Habille-toi, je me dépêche.

Le petit gnome, dès la sortie du maquereau, s'était tourné pour renouer ses lacets. Il ne voulait pas être reconnu.

L'homme en chemise sortit en claquant la porte. Passa devant nos complices et dévala les escaliers quatre à quatre.

Gaston poussa la porte et enleva le bout de carton qu'il avait eu le temps de glisser dans sa feuillure. Il rentra, prenant soin auparavant de refermer derrière eux avec la chaîne de sécurité. Puis, se dirigea rapidement vers les pièces intérieures.

Il trouva très vite la belle Marie qui enfilait des bas, assise sur le bord du lit et tournant le dos à la porte.

– Bonjour Chérie, je viens rechercher mes affaires et je suis très, très, mais vraiment très pressé.

La belle mit deux secondes à comprendre ce qui lui arrivait, ce qui suffit à Gaston pour se rapprocher et lui décocher une superbe claque, à faire sortir les yeux de la tête d'un taureau.

– Vite, plus vite ! Tu me rends mes papiers, mon argent, les billets pour New York. En échange, je t'offre mes valises de vêtements.

La fille ne comprenait pas assez vite au goût de Gaston.

Et le tenancier du quatre-étoiles-parfumé rajouta :

– Et tu m' rembours' les dégâts dont tu es responsabl' : ton protecteur est d'accord.

Une deuxième claque sur l'autre joue sonna le signal du lancement d'un déluge de larmes. Alors, les deux lurons commencèrent à retourner toute la pièce. Ouvrant et renversant les tiroirs. En venant lui remettre une taloche dès qu'ils relevaient la tête. Ayant passablement déménagé la pièce, ils passèrent à la pièce principale.

« Ouf, pensa Gaston c'est un deux pièces seulement. »

À cet instant, la porte d'entrée fut brutalement secouée.

Gaston s'y rendit prestement et posa son dos sur le panneau espérant ainsi s'opposer aux poussées violentes.

– Qu'est-ce que c'est ? dit-il calmement avec le plus grand culot.

– Comment ça « qu'est-ce que c'est » ? Puisque j'habite ici, c'est moi le locataire !

– Moi, je suis l'ami de Marie. Elle m'a demandé de passer récupérer mes affaires que j'avais oubliées à l'hôtel dans lequel nous vivions en amoureux depuis quelques jours.

– Quoi ? Mais ici vous êtes chez moi, et je n'connais pas de Marie ! Allez chercher ma fiancée, dans sa chambre, et dites-lui de venir m'ouvrir.

Gaston fit un bruit de pas avec son pied droit pouvant, à la rigueur, faire croire qu'il obtempérait. Il « revint » après quelques secondes :

– Elle ne veut pas vous voir et m'a dit de ne pas vous ouvrir, car vous êtes un coléreux dangereux ! Et que vous pourriez la tuer !

Dehors, le coléreux faillit s'étouffer de rage. Il esquissa une série de sauts sur place. Puis, soudain, il se mit à hurler à travers la porte :

– Hélène, viens ici tout d'suite. Tout de suite, tu entends, Merdalors. Ou tu l'paieras cher !

– Ah ben v'là un homme qui sait parler aux femmes, dit le nabot *mezza voce*.

– Va la chercher en lui tordant le bras dans le dos pour me l'amener sagement, répondit-il sur le même ton.

Marie/Hélène arriva tête basse, les bas en vrac sur les chevilles, et les cheveux dans les yeux.

– Hélène, qu'est-c' que c'est qu'ces salades ? Le monsieur a l'air de bien te connaître et dit que tu lui as emprunté ses affaires et son pognon ? Dis-moi c' qui s' passe et ouvre-moi la port' d'abord.

Le julot venait de perdre tout son vernis social. Qui ne devait quand même pas être d'une épaisseur colossale.

– Elle me fait signe de ne surtout pas vous ouvrir, dit Gaston d'un ton neutre et seulement descriptif.

Un énorme coup de pied vint secouer la porte. Marie/Hélène eut un gros frisson. Gaston en profita pour lui reprendre le bras et serra un peu, lui susurrant à l'oreille :

– Dis-moi très vite où se trouvent toutes mes affaires, ou je te laisse seule avec lui.

De l'autre côté de la porte, le souteneur avait dû s'endolorir sévèrement le pied – ou l'épaule – car les coups avaient très nettement faibli. Gaston en profita pour mettre l'hôtelier à sa place et emmener la fille dans la chambre :

– Donne ! dit-il en lui lâchant le bras afin d'être face à face.

– C'est lui qui a tout pris ! dit-elle d'un ton de petite garce.

– Tu me donnes tout de suite tout ce que je viens chercher ou je te brise le nez et tu ne pourras jamais plus michetonner ! Plus jamais, c'est clair ?

Elle vit les deux poings se fermer et la bouche se durcir. Il avança d'un pas et leva son avant-bras droit :

– Alors ? Je compte jusqu'à trois, Un… Il n'eut ni le loisir ni le temps d'aller plus avant :

« Attends » et elle alla sous le matelas en le soulevant avec difficulté. Il la laissa chercher deux secondes puis s'élança pour retourner le matelas et le rejeta de l'autre côté du lit, totalement, en un clin d'œil. La force développée était surhumaine : celle du désespoir ! Elle impressionna Marie/Hélène qui décida de jouer désormais ce cheval plutôt que l'autre. Là gisaient son portefeuille, ses papiers, les billets du transatlantique et un grand nombre de billets de banque. Gaston rafla tout. Même ce qui n'était évidemment pas à lui. En le répartissant dans toutes ses poches. Elles débordèrent toutes : vu le butin, le brave locataire du lieu n'avait manifestement pas qu'une seule protégée.

Sans se retourner, il se précipita à la porte, tira de côté son compagnon de croisade et lui dit en un souffle :

– On ouvre la porte et on part en courant sans se retourner. Puis on marche normalement dès le premier étage pour ne pas éveiller de soupçons.

Sitôt dit, sitôt fait.

Gaston retire la chaîne, l'hôtelier sort le premier, Gaston à la suite : personne sur le palier. Il referme la porte le plus silencieusement possible. Ils descendent en courant jusqu'au premier, ralentissent et arrivent dans l'entrée.

Un homme en chemise blanche est en grande discussion avec la pipelette :

– C'est eux M'sieur Louis, c'est ceux que j'vous parle, dit la gracieuse.

Tandis que l'hôtelier allait ouvrir la porte, Gaston s'approcha de l'homme qui s'était retourné pour lui faire face :

– Mil excuses, mais je dois te donner ceci de la part de mes camarades de tranchée. Tu devrais être, toi aussi, dans les tranchées comme tous ceux de notre âge. Ça t'apprendra à rester à l'arrière, jouer les planqués, et te goberger, pendant que nous, on crève.

Et il lui décocha un énorme uppercut au menton.

Sa colère s'apaisa immédiatement. Il continua son chemin comme s'il n'avait fait qu'écraser une mouche. L'homme s'endormit gentiment dans les bras de la gardienne. Elle qui rêvait d'une aventure avec un homme si beau, si gentil, si poli avec les dames… Elle était aux anges. Elle l'avait tenu dans ses bras pour lui éviter de se faire mal en tombant à terre. Victime d'une barbarie sans nom et millénaire, comme le lui suggérait un ange qui passait, les ailes chargées de bombes.

Parvenus dans la rue Blanche, Gaston aborda le problème qui lui grignotait le scalp depuis le début de cette épopée :

– Dis-moi, Camarade, comment ce souteneur est-il venu si vite chercher sa protégée, après mon départ ?

Le nain n'hésita pas un instant :

– Sitôt après vot'départ, Marie m'a d'mandé d'lui envoyer un p'tit grouillot pour fair'un'course. Et comme j'vous l'ai dit, son mac est arrivé dans l'quart d'heure…

– Et tu l'as laissée partir sans rien en échange ?

Là, le doute était devenu lourd, encombrant, épais, voire même opaque.

– Ben, ell'm'a dit que vous reveniez dans un'heur'pour tout régler…

– Bonne pomme, tu as gobé ça sans sourciller ?

La glotte du Niacoué faisait des va-et-vient plus rapides qu'un ascenseur de grand magasin en période de cohue. Ou de solde, c'est selon.

Arrivés à l'hôtel, ils entrèrent pour faire leurs comptes. Mais l'ambiance n'était plus vraiment à la franche camaraderie joviale, et toutes ces sortes de choses.

– Bon, alors, tu me dis tout ou je te dépose, dans tout ton clapier, de nouvelles boules puantes. Partout.

Le ton n'était plus le même.

– Je n'comprends pas.

Gagner du temps afin de comprendre la menace.

Pour le minuscule, la menace était crédible : avec un tel personnage, il ne fallait manifestement plus jurer de rien ! Hélas, il n'avait peut-être pas complètement tort puisque l'autre se levait déjà en cherchant comment attaquer le plus violemment possible.

– Dis-moi camarade, tu n'aurais pas une bougie parce que ça pue vraiment très fort dans ton bouge. On ne peut pas discuter sérieusement d'un problème aussi grave dans cette atmosphère écœurante et nauséabonde !

– Pourquoi une bougie ? On est en plein jour ?

– Tu ne sais donc pas que la flamme de la bougie évapore les mauvaises odeurs ? Tout le monde sait ça ! Depuis toujours. Et plus tu en auras, plus vite tu enlèveras cette odeur qui est vraiment épouvantable.

– J'en ai quelques-unes bien sûr, mais je n'connaissais pas cet effet désodorisant ?

– Eh bien, au lieu de perdre ton temps à pinailler sur le pourquoi ou le comment, amène une, ou mieux encore plusieurs bougies, je vais te le prouver en dix minutes.

Le tenancier du gourbi sort de l'entrée. Gaston l'entend remuer dans l'arrière-boutique. Il revient avec un petit sourire… Il tend trois belles bougies à Gaston qui s'en empare sans perdre un instant.

Son regard fait le tour du décor. Il hésite. Réfléchit manifestement en pesant le pour et le contre. Il se retourne, fait deux pas dans une direction puis change d'avis. Il allume la première bougie.

Gaston murmure suffisamment haut pour n'être que difficilement entendu. Il faut faire monter le niveau de l'anxiété au stade d'alarme oppressante le plus rapidement possible. Il s'assure d'un regard que l'inquiétude commence à être évidente. Alors, plus distinctement :

– Là ce serait bien, mais pas assez rapide.

En inclinant sa bougie allumée, il fait couler, comme par erreur, un peu de cire de cette bougie sur le coin du tapis. Mais ne bouge pas. Le tas de cire enfle. Il plante la bougie dans ce petit pot de cire en l'inclinant discrètement pour qu'elle bave sous elle. Pour que le tas s'hypertrophie vite.

Le minuscule sort de derrière son bureau d'accueil. Le regard et le front ne font plus aucun doute : le malaise est visible.

Demi-tour, vers la porte d'entrée. Puis vers l'escalier. Et là, Gaston s'arrête brutalement en disant très distinctement :

– J'ai trouvé.

Et il allume la deuxième bougie. Met la dernière dans une poche et fait un paravent avec son autre main pour se déplacer sans que cette bougie ne s'éteigne.

– Qu'est-ce que vous avez trouvé ?
La sueur froide du patron coule le long de ses joues. Il est paralysé.

Gaston le trouve encore trop calme. Il le veut dans la pleine violence d'un trouble qui n'est encore que naissant.

– Je cherche un endroit où la flamme sera bien entretenue par un petit souffle d'air qui emmènera ses effets vers les étages supérieurs et notamment le second. Celui où tout a commencé.

– Mais ce serait déjà suffisant dans l'entrée. Non, non, essayons d'abord ici, on verra ensuite, si ça marche. Alors, on ira dans les étages.

– Mais ça risque de durer des jours et des jours. Non, moi je veux tout brûler d'un coup, d'un seul ! Un très petit temps de silence et : Tu comprends ?

L’atrophique est secoué par une convulsion et pousse un hurlement :

– Vous allez quand mêm’ pas foutr’ le feu à mon exploitation ?

– Ben si, justement. Comme ça, il n’y aura plus cette odeur insupportable, pire qu’une étable à cochons ou les égouts.

L’étriqué semble d’un coup se rabougrir encore. Ses mains tremblent, sa bouche chevrote, ses yeux veulent contenir ses larmes, son effroi, ses regrets. Une immense tristesse effondre son visage, écroule ses épaules, ploie ses genoux et chevilles.

Ça y est, cet homme sait. Le nain a enfin compris que la fin de son parcours est ici et maintenant.

En effet, dans un éclair, l’aubergiste avait enfin entrevu le problème. Ou plutôt la solution, selon Gaston. Pourtant, il n’osait toujours pas y croire : pas ici, pas dans le hall d’accueil, pas possible ! Mais les scènes de la veille dans la chambre 205 se bousculèrent avec les séances de nettoyage, dont il restait pourtant des traces. Pour le moins olfactives.

Il finit par articuler difficilement et avec un faible filet de voix :

– Pas maintenant, je ne mérit’ pas ça quand même ?

Le ton, plus qu’incrédule, était pitoyable, pleurnichard. À moins que ce ne fût une prière, une requête, voire même plutôt une supplique. Un sanglot finit par lui couper la voix.

Les yeux dilatés, la bouche grande ouverte, une pâleur soudaine, les mains qui cherchaient quelque chose sans savoir quoi, les genoux qui tremblaient. La vue de l'avorton était à mourir de pitié, mais le moment ne s'y prêtait pas.

L'horreur était maintenant devenue vraisemblable, palpable. Létale.

Et malgré cela, le nabot regardait la scène sans y croire. Sans croire ce que lui racontaient ses yeux.

Gaston se fit une remarque inattendue à cet instant. Une réminiscence biblique lui traversa l'esprit : « Ils ont des yeux et ne voient pas ». En effet, tous les sentiments se bousculaient : la haine, la folie, la stupeur angoissée, le déluge, l'apocalypse, la fin du monde peut-être. Et ces pressentiments l'empêchaient de « voir ».

– Mais j'ai rien fait ! essaya de plaider l'avorton.

Gaston fit mine de se pencher vers les petits tas de cire qu'il avait déposés méthodiquement devant chaque pied de fauteuil. Crispant sa mâchoire exagérément, lèvres pincées, tendues en un rictus qui effaçait toute l'épaisseur des lèvres. Il voulait prouver qu'il allait se laisser dominer par la haine, par le fiel, le ressentiment, la détestation. Il fallait impérativement que son adversaire comprenne qu'il ne plaisantait pas du tout.

– Je te préviens que le coup d'après, j'allume toutes les bougies, leurs tas de cire. Puis, je me déplace pour en mettre partout. Même, et surtout, sur tes fauteuils en tissus. Dans les tranchées, on avait tout intérêt à ne jamais faire de feu, car cela permettait aux Boches de nous situer dans l'espace. Alors cela me fera beaucoup de bien d'en contempler un, bien vivant, bien chaud, tout au même endroit.

Gaston avait envie de partager sa philosophie sur la guerre :

– À chaque attaque, c'était la même chose : t'aurais vu ça, tu comprendrais que les petites choses font de grands évènements. Tout le monde devrait connaître la guerre dans les tranchées avant de vouloir en faire une autre.

Il se sentait devenir poète, parmi les idéalistes, philosophes, historiens, enseignants, etc.

L'homoncule tomba à genoux. Joignit ses mains. Implorant.

– Arrêtez. Y'a maldonne. Marie est un' vieill' cliente. Adorable et serviable. Jamais aucun problème. Contrair'ment à la majorité des aut'filles. Ell' m'a même parfois offert un'pass' pour me remercier de mes servic's quand un client la brutalisait.

Il était en sueurs, le visage complètement décomposé. Ses mains se tordaient d'une intense douleur psychologique, morale, pour tout dire existentielle.

– Oui, mais là, il y avait une huitaine de jours de pension, plus les dégâts involontaires d'hier, ça commence à faire des sous, rétorqua Gaston.

– J'vous jure : j'lui ai fait confiance !

Et sans transition, il se mit à pleurer. Toujours à genoux, il se prit la tête dans les mains et laissa exploser le trop-plein de misère qui le submergeait depuis quelques longues heures.

Gaston resta médusé par cette réaction qui dénotait une telle générosité. Un si grand cœur. Une telle crédulité. Le ton, les pleurs, l'émotion étaient sincères.

La petite phrase concernant les passes de Marie signait l'authenticité. Et l'affection de l'aubergiste pour la belle. Et ses « passes », elles, avaient manifestement fait un gros travail, pensa-t-il. Et, d'un seul coup, il pardonna tout.

– Je te crois bonhomme, viens, on va faire nos comptes honnêtement.

« Ite Missa est » dit-il en éteignant ses bougies.

Une demi-heure plus tard, ils se quittèrent les meilleurs amis du monde.

Gaston partit alors se faire rembourser ses billets pour New York : sa fiancée l'avait quitté.

Chapitre III

Après avoir quitté « l'hôtel-aux-mil-fragrances », Gaston s'était isolé dans un jardin public et avait fait, aussi discrètement que possible, entouré par des arbustes bien denses, l'inventaire de ses poches. Il voulait avant toute chose savoir ce qu'il lui restait d'argent sonnant et trébuchant, après avoir « dédommagé » ce taulier qu'il avait fini par respecter pour son comportement correct, dans une adversité bien imprévue.

Il lui restait encore plus de 30 000 francs en billets de différentes valeurs.

« Coquette somme » se dit-il. « Ça vaut le coup de rester à l'arrière et d'apprivoiser un cheptel de jeunes filles, belles et bonnes pour tous rapports. » Il sourit de son trait d'humour. Puis, il répartit à nouveau tout cet argent dans toutes ses poches afin de ne pas tout perdre en une fois, en cas de nouvelle rencontre désagréable, ou non.

« Mazette, il doit avoir un troupeau de belle qualité » se dit-il en se levant. « Et travailleuses. De vraies abeilles, sauf que celles-ci ne travaillent pas la nuit, elles. » Ses idées se chevauchaient, se bousculaient. « Est-ce qu'il est obligé de les « honorer » toutes ? Fatigant, dangereux, car les miasmes et autres moisissures, microbes et virus sont fréquents dit-on, avec tout plein de maladies. Oui, mais sûrement bien plus agréable et sans comparaison que les jeux avec les boches d'en face ! Même si les deux peuvent être mortels, l'un des deux est plus lent, tellement plus agréable et moins éprouvant ».

Son esprit quitta Marie. Ou Hélène ? Bref, les deux.

Avant que de quitter Paris, Gaston rêvait de réaliser LE rêve qui l'avait tellement hanté dans ses tranchées : s'acheter une voiture. Avec ses frères d'armes, il en parlait souvent, voire même tout le temps, à chaque fois qu'il y avait une « trêve ». En effet, les sujets susceptibles d'alimenter une conversation distrayante, voire passionnante étaient au nombre de quatre, et par ordre décroissant : la femme, la voiture, la chasse, et la bonne bouffe. Et la nuit pendant ses nombreuses insomnies, ces conversations faisaient une concurrence importante au thème des femmes.

Il y avait toujours un larron pour raconter des histoires de mécanique, avec les moteurs à un ou plusieurs pistons, qui consommaient de plus en plus d'essence en fonction de la puissance, et des performances de plus en plus extraordinaires. La veille du jour où il allait être gazé, l'un de ses compagnons annonça comme une chose sûre et certaine qu'il y avait une Renault qui « tapait le 100 km en une heure ! ». Cette assertion déclencha un « oh » admiratif, immédiatement suivi d'une montagne de questions, de doutes, de superlatifs…

– C'est pas possib', questionna l'un.

Interrompu par une réplique plus véhémente qu'affirmative :

– Si ! c'est possib' : j'vous dis qu'c'est forcément forcé, car la puissance des moteurs est illimitée.

– Prouv'le !

– T'as qu'à lire un peu les journaux et tu verras !

Un teigneux défaitiste, briseur de rêve, parvint à lancer à la cantonade :

– Ya qu'des ment'ris et des commérag's su' les chiens écrasés dans ces feuill's de choux.

– N'oubliez quand même pas que Renault a reconverti son industrie automobile en usine d'armement, de matériels de guerre et même d'aviation. Alors, les voitures, ce n'est pas vraiment de saison ! reprit le même pessimiste le tout sur un ton amer, méprisant. Qui, en réalité, n'était que jaloux de ceux qui étaient parvenus à rester « à l'arrière ».

Cela ne démonta pas le « Spécialiste » puisque tel était devenu son surnom affectueux, un peu envieux, en tous cas efficace pour aider tous ses compagnons de misère à s'évader de ce cloaque !

Et, à chacune de ces discussions, le même fanatique donnait des informations, des explications techniques qui interpellaient ses auditeurs :

– Tiens par exemple, en 1893, savez-vous combien il y avait de voitures en France?

Il maintint un petit silence pour savourer pleinement sa science, et maintenir le suspense :

– Il y avait en France 1 700 voitures. Et, pour pouvoir conduire cette voiture, il est devenu obligatoire d'avoir un « certificat de capacité » depuis vingt ans. Oui, Messieurs, car ça commençait à faire beaucoup de monde sur les routes qui roulaient à tombeau ouvert ! 1893, il y a vingt ans, c'est extraordinaire comme le temps passe vite ! Ça a commencé par Paris. Il fallait même savoir se dépanner pour avoir ce « certificat de capacité » ! Et on dit que ce papier va être remplacé maintenant par un « Permis de conduire », valable après sa majorité. Et avec un examen très sérieux.

Un autre renchérit :

– Et depuis 1899, les vitesses sont limitées à 20 km/h en ville et 30 km/h à la campagne.

Un autre :

– Et vous savez pour quell's raisons, on a choisi les couleurs vert, orange et rouge des feux de crois'ments aux carr'fours ?

Silence.

– Pa'ceque ces couleurs sont cell's qui sont le plus rapid'ment r'connues par l' cerveau !

Murmure admiratif : « Ouaaah ! Il sait tout ce mec ! »

Ou encore « T'es né dans un atelier Renault ? »

« Et ta femm', elle est carrossée par Renault ? » fusait régulièrement chez les nouveaux.

– Tu dis qu'des conn'ries : Renault vend aux particuliers ses voitures sans la carross'rie. Faut qu'ils aillent la fair' fabriquer chez un spécialiste. Mais paraît qu'il va l'fair'lui mêm'maint'nant, était la réponse systématique ! Invariable, avec un petit sourire narquois de supériorité.

L'angoisse du quotidien s'évaporait, le réel s'éloignait, l'épouvante s'envolait. Et les pauvres martyrs attendaient ces instants avec un immense espoir. Être ailleurs, loin de tout ça… oublier. Rêver que demain, ou après-demain au plus tard, ce serait leur réalité.

Un immense soupir lui apporta une étrange sensation : c'était fini. Il fallait tourner la page. Il devait recommencer à vivre. Une voiture en serait la preuve irréfutable.

Après avoir questionné quelques passants, Gaston finit par trouver un garage représentant la marque Renault. Il traversera la rue, descendit du trottoir et s'engagea tranquillement, mais fermement. Ses pensées revenaient sans cesse vers les tranchées. Obsession lancinante, obnubilation taraudante, tourments tracassants qui lui pourrissaient le cerveau.

Un coup de sifflet strident le surprit, le fit sursauter et lui serra le cœur. Une « hirondelle » fonça sur lui, bâton blanc levé, cape flottante, et bicyclette porteuse de la fameuse marque « Hirondelle » à la main gauche.

Le fonctionnaire salua et attaqua :

– Savez pas qu'il est interdit de traverser les voies sans avoir regardé à droite et à gauche auparavant ?

Gaston le regarda sans y croire :

– Est-ce bien à moi que ce message s'adresse, Monsieur ?

– À qui pensez-vous que je parle ? Aux oiseaux. Aux nuag…

Gaston s'éloigna sans un regard et poursuivit son chemin. Son ignorance flagrante était superbe, magnifique, hautaine et grandiose… Un Seigneur ! Un Duc, un Prince, une Éminence… Un revenant de l'époque bénie de la Renaissance florentine. Un être surnaturel pour ce petit hominien en uniforme.

– Monsieur, c'est à vous que je parle, reprit le Gardien de la Paix.

Gaston continua de marcher en s'éloignant. Impérial, royal, inatteignable par le commun des mortels.

– Mais moi, Monsieur, je n'ai nulle envie de vous parler, nulle envie de vous entendre, nulle envie d'être importuné. Je veux être et rester libre. LIBRE, répéta-t-il en haussant le ton.

– Monsieur, vous êtes en infraction, lui dit l'enragé en le doublant d'un pas vif et hargneux. Et il se servit de sa bicyclette pour faire un barrage. D'ailleurs, si vous poursuivez votre chemin, je vous arrête pour avoir forcé un barrage de police !

Rien que ça ? Un piéton parvient à sauter par-dessus une bicyclette, ou la contourner, et s'en va en faisant un pied de nez à la Force Publique. Quel beau titre pour les journaux…

Là, Gaston sentit son cœur s'accélérer, son cerveau s'échauffer, et sa bonne humeur se changer en vinaigre :

– Écoutez-moi bien, vous ! lui dit-il sur un ton sec et manifestement avec une colère très contenue. Son index se pointa jusqu'à quelques centimètres de la poitrine du fonctionnaire détenteur de la Sacro-Sainte-Force-Publique : « Contrairement à tous ceux qui sont restés à l'arrière, je suis parti au front, en train, dès le mois de septembre 14. Comme mes camarades, j'ai tourné en rond pendant quelques petites semaines. Nous avions encore la fleur au bout du fusil. Puis on nous a fait creuser des tranchées. Vinrent alors des tirs d'obus, j'ai résisté à des centaines d'attaques venues des tranchées d'en face. Nous aussi, nous sommes allés à l'assaut de l'ennemi après avoir bu un coup de gnôle. Après chacune de nos sorties, j'ai entendu certains de mes camarades, blessés puis mourants, par dizaines, par centaines. Ils hurlaient de douleur, suppliaient qu'on vienne les secourir, leur donner à boire, appelaient leur mère, pleuraient, hurlaient puis pour finir, gémissaient à quelques mètres de notre tranchée, et cela nuit et jour. À n'en plus pouvoir dormir. Et surtout ne pouvoir rien faire, car on se faisait tirer comme des lapins si nous voulions les aider. Les Schleus avaient inventé une tactique sadique, mais ô combien efficace : ils utilisaient leurs nouveaux fusils automatiques pour tirer sur nous. Mais plus pour nous tuer, pour nous blesser au niveau des jambes. Cela n'avait que des avantages : atteindre nos troupes au niveau du moral. Un mort : une fois évacué, on l'oublie. Mais un blessé qui geint, puis qui devient handicapé, ça déstabilise tellement plus à tous les niveaux. Et puis il y a eu les gaz. Sans prévenir, et surtout sans possibilité de prévoir, sans traitement. Et je sais de quoi je parle, pauvre homme, puisque je suis définitivement renvoyé de l'armée après avoir été gazé.

Il fit une pause pour laisser à ce fonctionnaire le temps de comprendre, et reprit un ton plus bas, plus calme et aux intonations beaucoup plus dangereuses :

– Aujourd'hui, enfin libéré de cet enfer, de cet embastillement, de cette antichambre de la mort, je ne peux traverser une rue sans être en infraction parce qu'un planqué de l'arrière a décidé que c'était interdit ? Alors qu'à vingt mètres d'ici, (et il tourna son visage sur sa droite pour suivre un couple traversant la même rue à quelques mètres d'eux) un homme et une femme traversent sans enfreindre votre bon plaisir. Et que vous ne leur dites rien ? Je vais être Grand Seigneur, petit monsieur, et vous permettre de vous amender : vous me demandez pardon, et j'efface votre impétueuse offense ou…

– Ou quoi ? Le coupa l'inconscient trop rapidement.

Gaston se raidit. Tout son corps se déploya, s'allongea, se remplit de force et il allait foncer sur cette ligne Maginot de fatuité quand un autre gardien arriva :

– Que se passe-t-il ici ?

– Ce freluquet ose m'interdire de traverser une rue alors que je suis honoré d'une médaille de guerre pour bravoure. Il me fait une leçon de civisme alors que je viens d'être libéré après avoir été gazé. Alors que je suis au front depuis quatre ans pour défendre la France pendant que lui est resté planqué à l'arrière. Alors que lui, jeune et en pleine forme, est rentré chez lui tous les soirs, a mangé chaque matin, chaque midi et chaque soir, et en plus un repas chaud. Pas moi, Monsieur, pas nous dans les tranchées ! Car, ce ne fut jamais mon cas depuis l'été 1914. Lui, ici, à l'arrière, il a mangé sans penser, obligatoirement, que c'était peut-être son dernier repas, comme moi, sans entendre le bruit des canons, des balles et les cris des camarades mourant à quelques mètres, comme moi. Savez-vous bien, vous le planqué, que lorsque les rats arrivent, il nous faut, la nuit pour pouvoir dormir, recouvrir notre tête, notre visage, nos mains avec du grillage à poule, car ces petites bêtes n'ont rien d'autre à manger que nos oreilles ou nos nez puisque, bien sûr, nous ne nous déshabillons pas ! Et vous pensez que je vais devoir supporter une telle provocation, une telle injustice pour que lui reste à vivre quand d'autres meurent encore à chaque instant pour garder à la France sa Dignité, sa Grandeur au sein des Nations Libres. Pour que lui vive dans l'Honneur de la France en se gobergeant, alors que moi, Monsieur, je risquais ma vie pour lui et les siens. »

Gaston n'en pouvait plus, ne parvenait plus à se contenir.

– Voyons, Monsieur, je suis sûr que mon collègue n'a jamais voulu vous offenser. D'ailleurs, vous pouvez repartir en toute sécurité, et il prit ce pauvre gardien par le bras pour l'entraîner.

– Attendez Chef, ce cochon, il a voulu me frapper…

Le chef l'interrompit :

– Pas de gros mot dans le cours d'une enquête, fit-il remarquer à son subordonné, avec un regard sombre.

Gaston se détendit comme un ressort :

– Vous l'enlevez immédiatement, de gré ou de force ou je fais un carnage : je n'ai rien à perdre, j'ai trop souffert, et lui pas assez, pour le laisser continuer à emmerder les gens comme un petit chef. Non, comme un tout petit chef de rien du tout.

Le Grand Chef ne put se retenir :

– Ah, Benmerdalors ! On va quand même pas s'laisser injurier ni menacer par un inconnu.

Avec son bâton, il repoussa vers l'arrière la visière de son couvre-chef. Il était rouge cramoisi. Un cramoisi très évocateur de vinasse et autre café-calva matin, midi et soir. La colère brutale, incontrôlable, paroxystique l'étouffait. Il avait envie de hurler, mais il se mit à tousser violemment. Une quinte inextinguible qui lui faisait saillir les yeux hors de leurs orbites. Une toux inapaisable.

Son second le regarda médusé : il était manifestement parti pour cracher ses poumons. Pris d'un réflexe de bon samaritain, il se décida à tapoter, avec prudence et respect le dos de son supérieur pour avoir l'air de faire quelque chose. Le pauvre gradé, épuisé, mit un genou en terre, et au bout d'une dizaine de secondes reprit enfin son souffle. Puis une allure un peu plus humaine.

Réalisant enfin le ridicule de la situation il se releva, s'épousseta, tira sur sa tenue, sa cape, sa casquette. Devant l'ampleur de ce gros orage, il tira son second par le bras de façon brutale, sans dire un mot. Et ils s'éloignèrent sans autre forme de procès !

En les regardant s'écarter, Gaston regretta son pacifisme. Il sourit à l'idée de les poursuivre pour leur faire un croche-pied : réflexe infantile, mais qui lui aurait fait tellement de bien. Tellement plaisir.

Écartant d'un geste de la main cette idée saugrenue, Gaston s'approcha enfin de ce merveilleux garage, objet de tous ses rêves. Il lui fallut pourtant quelques dizaines de minutes avant de recouvrer son calme.

Il passa devant, regarda, scruta, admira. Puis recommença en sens inverse. Puis une fois encore : il lui était difficile de prendre cette décision ! Enfin, il se décida. Il entra.

Noël ! Il se crut à Noël. Tout luisait, brillait, sentait bon l'essence, l'huile, le cuir neuf.

Un homme d'une cinquantaine d'années, élégant, mais pas tape-à-l'œil, s'avança et avec une grande déférence, lui souhaita la bienvenue :

– Que désirez-vous voir, Monsieur ?

– J'aimerais acheter une Renault, comme celles qui ont porté nos soldats sur la Marne.

– Monsieur, nous avons fait d'énormes progrès durant ces quatre années de guerre épouvantable ! Bien sûr, nous fabriquons encore des voitures de 7/8 chevaux, comme celles qui ont fait la Marne, mais nous dépassons maintenant les 20 chevaux et la vitesse dépasse couramment les 50 ou 60 km/h. Sans aucun problème.

Le ton était simple, sans emphase, naturel : « le progrès, c'est tous les jours chez Renault, cher Monsieur ». Plouf quoi !

Gaston se sentait tout à fait dépassé. Il ne parvenait pas à se mettre à la page. Ces quatre années s'étaient évaporées, dissoutes dans un cauchemar de chaque seconde, chaque minute, chaque instant : la nuit, voire même pendant les « repas » lorsque par exceptionnel, ils étaient parvenus jusqu'à eux. Tout avait été l'antichambre de l'enfer, de l'effroi, de l'inutile : comme la plupart de ses compagnons, il n'arrivait même plus à imaginer une vie quotidienne faite de sérénité, de tranquillité, de sommeil sans réveil brutal au son de la sonnerie d'alarme. Vivre sans masque à gaz à portée de main, sans fusil le long du corps, sans la baïonnette au ceinturon qui vous réveille si vous vous êtes assoupi malencontreusement sur elle.

– Monsieur ? Avait susurré, plutôt que questionné le vendeur.

– Excusez-moi, je pensais à un rendez-vous que j'ai un peu oublié en poussant la porte de votre exposition.

– Désirez-vous voir notre dernier modèle ? Même simplement pour le plaisir, pour le rêve, pour le plaisir de l'œil, dit le représentant en l'emmenant vers un coin de la salle. Avez-vous un « certificat de capacité », il devrait être remplacé prochainement par un « permis de conduire » qu'il faudra étudier avec une « auto-école » ? Mais je pense que vous savez tout cela.

– Non, malheureusement, je n'ai pas encore ce fameux certificat de capacité.

Gaston s'évapora dans une rêverie parallèle :

Il se retrouvait en face de ces représentants de la maréchaussée : les deux petits chefs de tout à l'heure. Il reconstruisait le scénario qui l'avait marqué beaucoup plus profondément que ce qu'il avait pensé lors de son dénouement.

« J'aurais dû penser à plein de répliques. J'ai été trop nul ! Par exemple, j'aurais dû leur dire, façon Cyrano :
– Hardi fonctionnaire, si vous aviez, totalement, parfaitement, ancré au plus profond de vous-même ce besoin, cette envie impérieuse de servir vos concitoyens, et eux seulement, vous auriez

dû le faire de façon bénévole. Dans le but de montrer sans aucun doute possible, et au monde entier, votre amour de l'autre…

– Brave Délégué Majuscule de la Maréchaussée, si votre raison de vivre était d'être le protecteur de tous les Français, pourquoi arborez-vous une si belle matraque ?

– Courageux Représentant des Elites au-dessus du peuple, vous ne pouvez pas avoir oublié qu'une matraque est un sublime symbole d'asservissement ? Cela n'est-il pas surprenant ?

– Cher Intermédiaire de Paix, lors de votre formation à ce mirifique poste d'hirondelle, on vous a forcément enseigné que la maréchaussée avait été créée au Moyen-âge, pendant la guerre de Cent Ans, dans le seul but de permettre de « maintenir l'Ordre ». Un « Ordre » décrété par le Roy ou ses Représentants : ses « Maréchaux ». Et non par ces Français que vous feignez de protéger… Dans la République de France, cela ne vous choque-t-il pas ?

– Allons, Valeureux Correspondant de l'Autorité, n'avez-vous pas remarqué que le terme de Maréchaussée a disparu après la Révolution au profit du mot « Gendarmerie » ? N'y voyez-vous pas une signification ?

– Bien plus, Héroïque Mandataire de ces Elites auto-proclamées, avez-vous réellement et sincèrement réalisé que ce gratin supérieur qui vous commande ne détient ce privilège que pour une seule et unique raison : quel que soit le pays, il n'y a de tyran que si son peuple accepte de vivre à genoux.

– Gardien Respectueux de cette République, si on lavait au savon de Marseille la bouche de tous ceux qui disent des gros mots, insultent les citoyens ou veulent terroriser leur Peuple, ça sentirait meilleur dans notre France !

– Enfin, et surtout, Intrépide Chevalier du Mandement, n'avez-vous pas remarqué que l'usage de votre force est d'autant plus brutal que le pouvoir qui vous actionne est plus faible ?

– Pour lors, et pour l'avenir, efforcez-vous, Digne Agent de la Force Publique de savoir appliquer la loi en évitant son usage le plus satisfaisant pour votre seul ego dominateur ».

À cet instant, trop absorbé par son improvisation de plaidoyer, il trébucha sur une roue et s'affala de tout son long. Cela le fit revenir sur terre en entendant son vis-à-vis poursuivre son désir de vente, tout en l'aidant très courtoisement à se remettre :

– Ce n'est en aucun cas un problème : nous vous indiquerons un débit de boisson dans lequel s'est installé un centre d'apprentissage. Et notre firme vous expliquera les rudiments pour le démarrage, la conduite et le freinage. Cela fait partie du contrat de vente.

Il fit une pause devant une voiture :

– Voici donc une EK 1915 que nous continuons à fabriquer, c'est une bicylindre. Puis-je vous demander combien de passagers vous comptez transporter ?

– Nous avons deux jeunes enfants, donc quatre, voire cinq personnes.
Gaston aimait prévoir.

– Donc, L'EK ne vous convient pas, puisqu'elle ne permet que deux places. Je vous propose plutôt la Type FE, 18/22 CV à 4 cylindres de 4 535 cm3. Nous en avons un exemplaire un peu plus loin et en attendant, voici d'autres véhicules.

Et le vendeur, en passant devant les voitures, expliquait la cylindrée, le nombre de freins, la vitesse, le poids, la longueur, etc. Le prix, en pratique, démarrait vers les 4 600 francs pour un moteur deux cylindres et dépassait les 20 000 F pour un six cylindres de 2017. Certes beaucoup plus beau ! D'autant que plus on montait en puissance, plus la carrosserie était aguichante, voire même « personnalisée sur mesure ».

Gaston se souvint que le « spécialiste » le lui avait dit. Mais ce détail augmentait considérablement le prix. La EK était à 4 600 et quelques francs, et avec l'habitacle au complet. À cette évocation, un souvenir agréable lui revint du temps des tranchées :

Le « spécialiste » lui demanda un jour, juste après le hululement de la sirène d'alerte, quand tout le monde était crispé sur son fusil, en train de faire sa prière, ou de penser à ses amis, parents, et enfants :

– Dis donc, quelle est la première chose que tu fais le matin, toi, au réveil ?

Gaston répondit sans réfléchir :

– Moi, je tourne dans mon lit quelques minutes et je me lève pour aller uriner.
Le « Spécialiste » se tourna vers celui qui était juste derrière eux deux : « Et toi ? » :

– Moi, j'adore lire quelques pages de mon livre de chevet avant de me lever pour pisser.

Il se tourna vers un troisième :

– Moi, c'est plus luxueux que vous, les amis. Ma femme m'apporte mon café au lait avec du pain beurré, et le journal du jour. Je prends mon temps, je fais mon petit pipi, mon gros caca et puis après, je me lève.

Cet interlude amena un immense éclat de rire tout à fait incongru dans ce contexte. Cette histoire fit le tour de toute la tranchée pendant plusieurs semaines. Il faut dire que le contexte des « chasses intestinales et vésicales » à chaque alerte s'y prêtait. Cette histoire devint un véritable hymne, un étendard, un viatique contre la mort avant les assauts.

Un souvenir heureux s'esquissa sur ses lèvres. Moment rare.

Le vendeur arriva enfin au fond de l'exposition et s'arrêta, sûr et certain de son petit effet : la créature de rêve leur faisait face.

Gaston resta médusé, bouche bée devant la 40 CV, 6 cylindres de 2 350 kg qui atteignait sans problème le 90 km/h/. Somptueuse, merveilleuse, véritable invitation au rêve, mais qui dépassait les 25 000 F.

Voyant que le client était « ferré » comme disent les pêcheurs, le vendeur l'amena devant la Type FK qui répondait aux critères de ce client. Il entonna un refrain bien rodé, faisant évoluer sa voix en hauteur, en intensité, en confidence selon le thème :

– Renault Type FK elle date de 1916 et sa puissance est de 11 CV.
11 CV – 2 120 cm3 – 4 cylindres représentant 2 120 cm3.
Je ne m'appesantis pas sur les détails techniques de cette merveilleuse mécanique.
Plus intéressant pour vous, voici quelques données plus pratiques pour son usage au quotidien : Longueur : 4,20 m ; Largeur : 1,60 m ; avec quatre places réelles.

Et pour le conducteur : c'est une Boîte à 3 vitesses. Il y a deux freins. Vous noterez que les roues sont détachables, avec des pneus de 810 x 90. Donc une roue facilement démontable et réparable en cas de crevaison.

Enfin et surtout sa vitesse atteint aisément 55 km/h.

Le vendeur se tut et fit semblant de contempler béatement cette merveille sans s'occuper de son client.

– Vous n'avez pas l'impression de me cacher quelque chose ? Demanda Gaston après avoir respecté ce silence, avec un petit sourire ironique.

– Ah oui, le prix ? Je croyais vous l'avoir dit dès le début : il est de 8 000 F. Et tout est compris. Vous remarquerez que nous maintenons les prix au cours de la première mise en vente. Sans augmentation.

Gaston s'abîma dans un grand silence méditatif.

Que faire ?

– Je suis intéressé, mais je vais réfléchir et reviendrai rapidement, finit-il par dire. En attendant, pourriez-vous me donner l'adresse du débit de boisson avec centre d'apprentissage que vous m'avez cité ?

En marchant en direction de ce fameux débit de boisson/école de conduite, il se mit d'abord à rêver. Puis, la réalité vint frapper à sa porte :

– Une voiture pour plaire aux filles ? Ou un tracteur pour travailler ? Pourquoi pas les deux puisqu'il me reste suffisamment.

En arrivant à petite distance du bistrot, sa décision était prise : les deux ! Mais, il allait falloir gérer ses deniers.

Chapitre IV

Sur ce chemin de « l'École de conduite », un clochard l'accosta, la cinquantaine dépassée, la barbe et les cheveux en bien piètre état :

– Son excellence n'aurait-elle pas quelques sous à me donner pour que je puisse manger quelque chose à midi ?

– Tu n'as rien mangé ce matin ?

– Non mon bon sire, répondit le vagabond en faisant mine de rafistoler son accoutrement qui tenait grâce à des bouts de ficelle et des épingles à nourrice. Ou quelques traces de nourriture collantes ?

– Alors, je t'invite à déjeuner avec moi, lui répondit Gaston du ton le plus naturel qui soit.

Ils entrèrent dans le bistrot, et Gaston demanda si l'on y servait à manger. Le patron dévisagea le clodo :

– Ce Monsieur sera à votre table ?

– Bien sûr, c'est un ami depuis longtemps. Mais la guerre l'a quelque peu déstabilisé.

On lui montra donc une table un peu isolée. Au hasard, tout à fait au fond de la salle.

Gaston se sentit gêné.

– C'est parfait, dit Gaston. Mais il paraît que vous pouvez également enseigner les règles de conduite pour les futurs conducteurs ? Suis-je bien à la bonne adresse ?

Le regard du bistrot changea aussitôt, s'éclairant :

– Vous allez acheter une voiture ? Laquelle ?

La voix ne parvenait pas à masquer la curiosité, l'envie, l'excitation devant ces nouveaux engins fabuleux.

– Oui, je sors à l'instant de chez Renault, et je pense que je vais prendre la 40 CV qui atteint facilement les 90 km/h. Elle me plaît assez.

Le ton était évident, assuré, modeste. Naturel quoi !

Le patron lui proposa alors une autre table nettement moins isolée, près d'une fenêtre, plus agréable. Il y avait même un bouquet de fleurs au centre ! Il leur présenta les chaises, le plus normalement du monde, comme dans les grandes maisons.

Sitôt parti, Gaston dit à son compagnon :

– Ce n'est pas vrai, mais ça marche à tous les coups !

Et ils commencèrent à se raconter leur vie en attendant le poulet rôti avec ses frites. Sans même se concerter, le tutoiement s'installa immédiatement. Naturellement.

Gaston attaqua le premier en esquissant son enfer dans les tranchées. Et les gaz. Il y a un peu plus de deux mois qui l'avaient sorti de ces trous à rats. Mais lui laissaient des séquelles bien gênantes. Qui allaient diminuer avec le temps lui avait promis le médecin commandant en lui remettant son ordre de démobilisation. Et il avait vraiment envie de le croire.

Le SDF ne se fit pas prier longtemps :
– C'est la guerre qui m'a mis dans la rue. J'avais une imprimerie orientée sur la réclame. Les artisans me demandaient des tracts qu'ils faisaient distribuer par des hommes-sandwichs. J'en vivais bien, car j'avais trouvé un style, une « accroche ». Hélas, dès la déclaration de guerre, et en quelques mois, la clientèle s'est asséchée, vidée. Les clients restants avaient peur de l'avenir.

– Mais comment es-tu passé d'une vie confortable à la misère ?

– Sans m'en rendre compte vraiment. Chaque jour, tu perds quelque chose : au début, tu te dis que « demain ce sera meilleur… » et puis le lendemain tu ne peux plus acheter de viande, tu ne peux plus payer une réparation, une taxe. Puis un matin, tu es obligé de fermer ta boutique, etc. Vient le jour où ta femme s'en va, tu te retrouves seul. Et le lendemain tu fais un baluchon et cherches où coucher le soir. C'est très simple, très rapide et pourtant tellement progressif, tellement naturel, progressif et évident. Mais tellement violent !

– Et les gens te donnent quelque chose ?

– Au début de la guerre, oui. Puis, depuis quelques mois, c'est la vraie misère. Depuis deux ans, en été, je vais en banlieue pour aider les paysans dans les champs. Mais dès l'automne, ils te « remercient » et il fait moins froid dans le cœur de Paris qu'au milieu des champs.

En quelques minutes, une véritable complicité s'était instaurée entre ces deux hommes déchirés par cette guerre devenue de plus en plus inhumaine. Ils ont échangé leurs prénoms, leurs habitudes de vie, leurs malheurs…

Ils mangent en parlant la bouche pleine : ils ont tant à se dire.

Puis vient le temps des anecdotes qu'ils se confient :

– Je n'ai plus d'identité puisque sans revenu, sans domicile, et qu'en plus tous mes papiers m'ont été volés pendant que je dormais sous un pont ! Je n'ai donc plus d'existence légale.
Alors, mon plus grand plaisir est de narguer la police. Ma dernière « plaisanterie » date d'avant-hier : en marchant, je vais passer devant l'Élysée quand une superbe voiture y entre. Les « hirondelles » font leur cirque habituel à grands coups de sifflets, leur ballet de bâtons blancs faisant voler leur cape comme autant de corbeaux autour d'une bouse. Je suis surpris par ce cérémonial et une idée me vient : dès que le portail se referme, je passe lentement devant la grille. Je m'arrête pour contempler le palais, sa cour, son décorum. Je prends mon temps. Puis, je m'accroche à la grille. Là, c'est de la provocation. Alors, bien sûr, un nervi s'approche rapidement et m'intime l'ordre de circuler.

Gaston l'interrompit très brièvement :

– J'ai eu ce matin même une altercation avec une hirondelle qui m'avait arrêté au moment où je traversais la rue. Son chef l'a enlevé au moment où j'allais lui rentrer dans le lard. Vas-y, continue : je sens que ton histoire va me plaire à l'infini.

– Voilà à peu près le dialogue que j'ai eu avec ce petit chef. Mais au début je ne pensais pas que cela pourrait aller si loin :

« Je ne fais rien de mal ! Je suis un être humain comme toi. »

« Non, je ne dis pas ça. Mais circulez, il ne faut pas gêner les personnalités qui peuvent vouloir passer. »

« Je reconnais que ma mise prête à confusion et je m'excuse pour ma tenue inhabituelle, parce que hier matin avec les gosses qui gueulaient à tue-tête, et le chien qui dégueulait partout, d'autant plus que tout le monde hurlait en le coursant, c'était carrément le bordel à la maison. Tu crois que je ne suis pas beau à voir dans mon trench-coat presque neuf, que mon chapeau fait honte ? Ou que je sens mauvais ? Que me voir pourrait faire rire ? Ou plutôt, faire pleurer ? »

L'hirondelle cache un fou rire et fait un rétablissement exemplaire avec un sérieux très professionnel.

Les tables alentour, formées d'hommes en cols blancs, avaient fait silence et s'étaient mises à écouter le récit de Maurice. Celui-ci ayant bien perçu ce changement d'attitude parlait maintenant un petit peu plus fort pour se faire mieux comprendre. Il continua :

– « Monsieur, je ne vous agresse pas, je vous dis quels sont mes ordres : faire circuler ! »

« Pour quelle raison peux-tu m'empêcher d'admirer ce bâtiment qui appartient au Peuple français ? »

« Je ne cherche pas à trouver une raison, j'applique les consignes ! Je ne vous juge pas, j'obéis aux ordres. »

« Alors, tu reconnais que j'ai parfaitement le droit d'admirer ce palais magnifique que mes impôts entretiennent. »

Le gardien de la Paix détailla longuement ma tenue, avec une moue parfaitement explicite, et sourit, méprisant :

« Avec vos impôts ? Alors bon, oui ! Contemplez, mais en marchant sans vous arrêter. »

« À Londres, le public a le droit de se presser contre les grilles de Buckingham. Je pensais que les Monarchies étaient plus méprisantes du peuple que les Républiques ? D'après toi, ce serait le contraire ! Tu crois que c'est ça la raison ? Je m'excuse, Camarade Policier, mais tu y vas un peu fort, non ? »

Maurice faisait maintenant dans la philosophie politicienne.

– Le poulet enlève son képi et s'essuie le front avec son mouchoir. Je sens que c'est bon, que je le tiens bien ! Alors, je continue en accélérant vers la provocation :

« Bon, tu sais ce qu'on va faire : je vais me mettre un peu sur le côté pour attendre qu'une nouvelle limousine passe ce portail : je pourrai voir la figure d'une Eminence, d'un Haut Personnage, un Ministre, un Ambassadeur, voire même un Président ? Bref, tu te rends compte, voir la tête d'un type de « la Haute. » Je te promets, il ne me verra pas, je ne ferai pas de bruit, je fermerai ma bouche afin qu'il ne sente pas l'ail que j'ai mangé ce matin, ni le vin, mauvais, d'hier soir ».

Me ressaisissant, j'eus une illumination : « Connais-tu seulement l'histoire de ce palais, sais-tu ce que veut dire « Élysée » ?

« Euh… »

« Eh bien tout simplement, ça vient du grec : c'est le séjour des âmes des Héros et des hommes vertueux. Tu vois que je peux l'admirer en connaissance de cause. »

Épuisé, l'œil hagard, chancelant, le cerbère m'interrompt :

« Ça suffit maintenant. C'est pas le problème. Circulez ou je fais venir le service d'ordre »

« Bon, je me retire devant ton intransigeance blessante, inique. »

Je fais quelques pas, arrive de l'autre côté du portail, j'enlève mon sac à dos tout pourri et le pose sur le trottoir. Puis je fais mine d'aller pisser sur le poteau du portail.

Mon ange gardien rapplique aussitôt et me dit en colère :

« Vous n'allez quand même pas oser pis… »

Et horrifié, il constata que c'était trop tard. Il me secoua le plus brutalement possible jusqu'à interrompre le jet délictueux, irrespectueux. Tellement improbable.

Et, feignant d'ignorer cet incident trop grave qui aurait entraîné trop de tracas avec sa hiérarchie et les règlements, pour sa petite personne :

« Vous ne pouvez pas laisser cette chose-là ici, sur le trottoir. » En me tirant par l'épaule et en me désignant du doigt mon sac à dos.

« Cette chose-là, comme tu dis, c'est tout ce qui me reste, tout ce que je possède : tu penses bien que j'y tiens, qu'elle est sacrée. Et j'ai bien compris qu'avec toi, elle sera parfaitement gardée. Donc, je te la laisse là, le temps de faire un tour dans cette rue que je ne connaissais pas. Et je reviens. »

« Mais c'est impossible, c'est interdit, défendu, totalement prohibé. C'est même pas imaginable : il passe des ministres, des ambassadeurs, des chefs d'État en permanence, vous ne pouvez pas laisser ça ici. »

La voix du cerbère était montée dans les tours. On aurait cru qu'elle était devenue le cri d'une vestale offensée dans sa Mission divine.

Au son de la voix de plus en plus forte du Cerbère, une agitation totalement improductive s'était faite dans la cour : un véritable envol de corneilles, freux et autres corbeaux, des coups de sifflet, des ordres et donc les contre-ordres.

Alertés, par cette turbulence, ces efforts énormes, cette activité incroyable, inaccoutumée pour des fonctionnaires, deux hauts gradés qui étaient sortis pour fumer une cigarette en paix, discutaient des suites à donner à cet attentat puisqu'on les avait informés de la tentative de déstabilisation, voire même destruction, de l'un des poteaux d'entrée de l'Élysée :

« C'est porter atteinte à la sûreté de l'État. » dit le Colonel.

« Mais, mon Colonel, avez-vous remarqué la tenue de ce pauvre hère ? C'est un clochard, un ivrogne qui ne sait même plus tenir debout. »

« Oui-da, commandant, mais c'est quand même une injure au Président-Chef des Armées. C'est un acte évidemment symbolique, destructeur dans un pays fragilisé. En temps normal, c'est la correctionnelle. Mais aujourd'hui, nous sommes en guerre, et c'est le tribunal militaire. Pour moi, il relève du peloton d'exécution pour atteinte au moral des troupes. On en a fusillé pour moins que ça. Faites prévenir le Général commandant la place que la sanction doit être exemplaire. Quand on est en guerre, on est en guerre ! Et faut pas mollir. Non, mais ! »

Le ton était sans réplique possible.

Partout dans la cour d'honneur, le déchaînement était à son comble. Les gardiens couraient l'un après l'autre en tous sens et sans savoir où s'arrêter ni pourquoi. D'autres ne savaient même pas pourquoi ni vers quelle destination ils couraient. Leur footing matutinal ? Mais tous hurlaient, ou soufflaient à se rompre les tympans dans leur sifflet à bille, s'étouffaient de désespoir, de rage ou d'angoisse selon leur dernier cauchemar.

D'un seul coup, l'un deux ressentit un éclair au bout de cet épisode sombre : il hurla à la cantonade : « amenons-le dans la salle de sécurité ».

Toutes les tables de la brasserie s'étaient tournées vers ce récit palpitant. Les plus lointaines s'étaient même levées pour ne rien manquer du drame qui se racontait à quelques mètres.

– En dehors du portail totalement fermé et hermétique, le drame se poursuivait. Et ni notre héros ni notre portier intraitable n'avaient pris conscience de l'émoi qui les observait :

« Ah, c'est ça ? T'as peur que, dès que tu tourneras le dos, on te le vole ? T'inquiète pas, tu as raison, je vais lui mettre un cadenas ! »

Alors, joignant le geste à la parole, je fouille dans mon sac et j'en sors un cadenas pour faire mine d'arrimer mon « trésor » à la grille du palais.

J'ai vu sa bouche s'ouvrir, faire une pause, puis il l'a refermée. C'est alors qu'il se met à hurler à la garde, à l'attaque du palais par un forcené, au viol du « sein » des Saints, et j'en passe… J'ai même cru un instant qu'il allait se mettre à pleurer ! Sauf qu'en quelques secondes, une armada m'est tombée dessus. Je me suis retrouvé plaqué au sol, sur le dos, avec un de ces gardiens du temple assis sur chacun de mes quatre membres. Quand un cinquième est venu s'installer sur mon ventre, j'ai hurlé : « ah, tu m'écrases et tu vas me faire pisser ! »

« Ce brutal me répond « vas-y, fais comme chez toi ! »

« J'ai plus de chez-moi et tu m'appuies sur la vessie. »

« Ta gueule ou je t'en mets une » me répond le gardien du feu sacré en me montrant un poing belliqueux juste sous mon nez. Du coup, je pisse dans mon pantalon, car je ne pouvais plus me retenir. Alors, là, tout ce joli monde s'écarte en bougonnant. Le mépris surplombait l'action d'uriner, la surprise dépassait le sentiment d'incongruité, le dégoût l'emportait sur l'affront à l'autorité ! Mais enfin, je peux respirer. C'est alors que je suis emmené à l'intérieur de la cour, dans un petit bureau. Avec une table et deux chaises d'un seul côté. On m'annonce que je vais paraître devant les gradés chargés de la protection du Président de la République et que je dois être très respectueux. Un gardien de la paix reste pour me surveiller. Au bout de cinq minutes, je me mets à tourner en rond, puis je fais mine d'aller m'asseoir. À peine ai-je posé mes fesses sur l'une des chaises qu'il se précipite en criant :

« Mais ça va pas ? Vous n'y pensez pas ! Ce n'est pas pour vous, c'est pour les responsables de la sécurité du Palais. Sortez de là », en levant un bras menaçant. Je me lève sans rechigner, me dirige vers mon sac, le prends et vais carrément vers la porte.

« Mais qu'est-ce que tu fous ? » hurle maintenant le dépositaire de l'ordre.

« Ben je sors de là, c'est ce que tu viens de m'ordonner, très sèchement d'ailleurs ! Alors que je ne faisais rien de mal en m'asseyant sur une chaise inoccupée. »

« T'es complètement fou, ma parole ? Je voulais dire retire-toi de ce siège. »

« Il y en a deux, t'as qu'à en prendre un, toi aussi. J'ai rien fait de mal. Je vais pas te la voler ta chaise : tu me vois sortir de l'Élysée en emportant le mobilier comme un vulgaire huissier qui vient de faire une saisie ? On n'est pas dans un film comique des Frères Lumière ! »

À cet instant, les deux gradés qui discutaient dans la cour entrent majestueusement, porteurs des saintes reliques et de leur képi, qu'ils déposent sur la table en s'asseyant.

Silence d'au moins trente secondes. « Comme si je les impressionnais, » rajoute-t-il malicieusement.

– « Déclinez vos noms, prénoms, âge, adresse et profession, en nous montrant vos papiers. »

« Je n'ai pas de papiers, on me les a volés, il y a plusieurs mois »

« Et vous avez fait une déclaration de vol ? »

« Non »

« Qu'est-ce qui me prouve que vous ne mentez pas ? »

« Ben, quel intérêt aurais-je à vous raconter mes misères ? »

« Monsieur, vous avez porté atteinte à la sécurité, à la dignité de la Présidence de la République et nous sommes un pays en guerre. C'est donc une faute inadmissible, gravissime, qui pourrait vous mener devant un tribunal militaire pour atteinte au moral du pays et de ses armées. Saisissez-vous bien les conséquences d'un tel forfait qui ne peut rester impuni ? »

Le ton était sec, cérémonial, impérial.

« Comment ai-je bien pu porter toutes ces catastrophes à moi tout seul ? Et en si peu de temps ? De plus, je peux vous jurer sur ma tête et sur l'honneur que c'est pas moi qui ai déclaré la guerre. Les gens disent même que c'est à cause des pressions de la perfide Albion. De toute façon, je pense que j'ai au moins deux excuses : primo, une pissée de plus ou de moins sur ce poteau, c'est pas ça qui le fera tomber et y a sûrement plus d'un chien, mon Colonel, qui l'a usé avant moi. Deuxio : moi, je n'ai pas choisi d'être Président de la République. C'est donc à lui, de trouver les moyens nécessaires pour que la France fasse son devoir et gagne cette guerre. Merci et bonne chance à lui. »

Le colonel me regarda, surpris, interloqué, totalement abasourdi, par cette répartie.

« Nom de Dieu, tu pissais sur le portail d'entrée, c'est pas une offense, ça ? »

Un pan entier de ses fondations psycho-intellectuelles venait de s'effondrer sous ses pieds. Tout dans son visage me prouvait que je suais la perversité. Que j'étais le genre de type à fuir en priorité absolue.

« Non, je ne pouvais plus me retenir. Et d'ailleurs, je vous préviens que maintenant, j'ai envie de faire la grosse commission à cause de ce gardien qui m'a sauté sur le ventre pendant plusieurs minutes. Alors que je le suppliais d'arrêter. Même que j'en ai pissé dans mon pantalon ! »

Et j'écarte les jambes pour leur prouver qu'il est encore tout mouillé.

Les yeux des deux déguisés pleins de suffisance s'arrondissent comme des assiettes à soupe. Je profite de la stupeur pour en remettre une couche :

« S'il vous plaît Messieurs, pouvez-vous m'indiquer où se trouve le plus proche lieu d'aisance ? Dans quelques secondes, je ne pourrai plus répondre de rien. »

Voyant une indifférence manifeste, je reprends : « Pardonnez-moi d'insister sérieusement, Messieurs, mais depuis que mon alimentation est devenue exécrable, je ne maîtrise absolument plus mon intestin. Celui-ci m'inflige par exemple des volumes de selles totalement anormaux, atteignant parfois des cubages m'évoquant le stère ! Je vous le répète : malgré une alimentation frugale et aléatoire, des stères qui tiendraient dans un ventre tout maigre et aplati ? C'est incroyable ! Alors, je serais tellement honteux de devoir partager avec mon pantalon une telle avanie. Surtout en votre compagnie. »

Tandis que je plaidais cette misère, une vesse silencieuse, involontaire, hypocrite, mais énorme et pestilentielle forma une nuée très rapidement envahissante et vint confirmer aux grands chefs un état d'urgence despotique. Constatant les conséquences nauséabondes de cette évasion intestinale, je tentais une explication de repentir :

« Je m'excuse : j'ai mangé du chou hier soir ».

Ce qui me sembla être efficace, puisque mes affaires changèrent d'orientation : confronté à un ennemi imprévu, doté d'une arme non conventionnelle, le plus proche de la porte, qui était aussi le plus haut gradé, se leva en grommelant : « Peste soit de ces vagabonds ! On ne peut jamais leur faire confiance ! » Sa figure reflétait une douleur morale, une angoisse métaphysique, un chagrin inconsolable. À moins que ce ne fût un dégoût indescriptible ? Il appela le garde en ouvrant le plus largement possible cette porte, en l'agitant dans un féroce va-et-vient afin de tenter de ventiler. Inspiré par un sentiment profond d'humanisme, il ordonna aussi sèchement que ses forces restantes le lui permettaient :

« Garde, montrez-lui les latrines et foutez-moi ça dehors aussitôt après, au plus grand galop ».

Tout de go, il en profita pour s'éloigner le plus rapidement possible de cet enfer (et traîtreusement vis-à-vis de son subordonné qu'il laissa sur place).

Quant à moi, je me suis dépêché d'obtempérer. Pourquoi cette surprenante décision ? L'odeur peut-être, va savoir dans ce lieu tout confiné ?

Gaston se déroulait de joie. Lui qui avait été obligé d'exécuter des ordres absurdes, suivis de contre-ordres à contretemps, avec des menaces de mort par peloton d'exécution si la soumission n'était pas immédiate, spontanée, irréfléchie. Il exultait de voir comment un homme seul, mais déterminé, peut coincer une organisation des plus tyranniques !

Gaston se sentit fier de ce comparse. Il se jura en l'instant de l'aider efficacement et immédiatement ! Tandis que Maurice montrait, en se tassant sur sa chaise, qu'il avait fini son récit.

Incontinent, Gaston se leva, prit la bouteille de vin sur sa table, la percuta avec son couteau pour obtenir le silence et d'une voix calme, claire et suffisamment forte pour être parfaitement compris de tous :

– Vous venez d'entendre Maurice Dubois qui nous a raconté l'une de ses mésaventures avec la maréchaussée. Vous avez pu constater par vous-mêmes qu'il sait parler un excellent français des plus agréables. Et surtout, qu'il maîtrise l'art de la conviction. Il était chef d'une petite entreprise qui tournait très bien lorsque la guerre l'a contraint à fermer et l'a ruiné. Il vit maintenant sous les ponts. Il y a forcément parmi vous quelqu'un qui peut l'aider à retrouver du travail, à se refaire une vie économique, qui permettra une renaissance familiale, sociale. C'est le moment de prouver qu'entre Français, on peut s'entraider dans les coups durs. Je vous en remercie par avance.

Et il se rassit.

Un tonnerre d'applaudissements salua son intervention. Tous les convives étaient émus, en joie ou prêts à faire une barricade devant l'Élysée. Deux hommes se levèrent pour venir lui donner leur carte de visite. Même le patron vint lui proposer de venir travailler comme garçon dans son établissement : « dans une autre tenue, et propre comme un sou neuf », précisa-t-il quand même.

Le repas s'était terminé dans la gaieté. Maurice avait des larmes dans les yeux. Il fit remarquer que son ventre avait doublé de volume à la suite des agapes que venait de lui offrir cet ami sorti de nulle part. « Ce cœur gros comme le palais de l'Élysée » sourit-il *in petto*.

Il mit ses deux mains sur son ventre comme s'il était devenu un ballon et dit à Gaston avec une immense pudeur :

– Un inconnu, sorti par miracle de l'enfer vient de me redonner l'envie de vivre. Je ne sais comment je peux lui dire un immense merci venu du fond du cœur. Ce repas était pantagruélique. Le premier depuis des mois et même des années. Je ne vais pas pouvoir tenir debout. Il me revient alors un vieux dicton de mon père, sortant de ces repas familiaux plantureux qu'on faisait pour les baptêmes, les mariages et toutes les grandes occasions : « j'peux pas m'lever. Faut qu'je rest'assis, j'y tiens mieux qu'un'bique su'les cornes ! »

Tous deux éclatèrent de rire et Gaston lui dit :

– Viens, il faut qu'on fasse deux, trois emplettes.

Et ils passèrent l'après-midi à acheter des vêtements, sous-vêtements et autres, casquette et chaussures pour Maurice qui ne savait plus que dire ni que faire pour remercier son bienfaiteur providentiel.

Lorsqu'il réalisa qu'il venait d'être habillé de neuf, Maurice se tortura l'esprit pour trouver un remerciement chaleureux, sincère et profond. Il s'arrêta de marcher, Gaston le regarda, étonné :

– Depuis le début de mes misères, j'avais un sentiment permanent, alarmant. Un peu comme si j'étais toujours en retard avec un rendez-vous important, avec un Destin. Et je me disais, pour calmer ces tempêtes envahissantes, que si j'étais toujours en retard, c'était parce que j'avais toujours le vent de face en marchant. Merci, Gaston, d'avoir calmé ce blizzard. Merci beaucoup.

Gaston réprima un frisson dans son échine et lui annonça :

– Ce soir, tu prends un bain d'une heure ou plus, et demain tu vas chez le coiffeur. Ensuite nous irons chez Renault. J'y achèterai peut-être une voiture si leurs conditions me conviennent. Et pour que tu cesses de me remercier sans arrêt, je vais t'expliquer d'où me vient cet argent que je ne mérite qu'à moitié : c'est pour ça que je t'en offre si volontiers une petite part.

Et Gaston lui raconta son rodéo à « l'hôtel des mille arômes » : la belle Marie/Hélène, le rêve de partir avec elle en Amérique, le réveil si brutal qui lui fit revivre ses tranchées. Et surtout la belle qui s'en va avec ses papiers, son argent et les billets transatlantiques, la recherche du Mac, l'entrée dans son appartement et les plus de 30 000 francs sous le matelas qu'il avait raflés et confisqués en guise de dédommagement. En le gratifiant d'un superbe crochet au menton en sortant de l'immeuble, au nom des combattants du Front de l'Est. Puis, il avait dédommagé le tenancier du bordel, et il allait maintenant rentrer chez lui en Normandie. Là où il vivait avec sa femme et ses deux enfants depuis son mariage.

Maurice accompagnait chaque épisode de cette narration chevaleresque d'un cri de joie, d'un compliment ou d'un gloussement de connaisseur. À l'énoncé du chiffre de la « taxe perçue » il sauta en l'air en hurlant : « il est génial mon bienfaiteur ! » Et il pensa « Pourvu que je ne perde jamais un ami comme celui-là, si malin, si intelligent et si bon… Il a TOUT ! »

Chapitre V

Le lendemain matin, après la séance chez le coiffeur, Maurice était méconnaissable. Propre, habillé de neuf, et l'œil illuminé de bonheur. Ils allèrent donc ensemble chez Renault comme annoncé la veille par Gaston. Ii avait préparé dans sa poche pectorale intérieure dix mille francs en coupures.

Le même vendeur accueillit Gaston et Maurice, toujours aussi prévenant et courtois.

– Vous avez réfléchi et quelque chose vous a plu ?

Il montrait qu'il se souvenait parfaitement de Gaston.

– Oui, j'aimerais revoir cette voiture de quatre places avec une bâche en guise de toit. Si ma mémoire m'est fidèle elle a un moteur de quatre cylindres, 11 CV et peut faire du 55 km/h.

– Bravo, vous avez une mémoire excellente.

Le vendeur se recommanda mentalement de se méfier de ce genre de client qui feint d'avoir oublié l'essentiel… Il les entraîna vers LA Merveille. Et il réitéra son numéro :

– Je vous présente donc cette voiture : une Renault 1916 Type FK, c'est la type FE d'avant la guerre que nous avons encore perfectionnée pour certains points techniques. C'est bien une 11 CV – 4 cylindres. Ses dimensions sont donc les mêmes : sa longueur est de 4,20 m, sa largeur de 1,60 m. Son empattement est de 3,00 m.

Il fit une petite pause pour s'assurer que son auditoire suivait et reprit avec une certaine gourmandise dans la voix et des gestes caressants :

– D'autres détails ont leur importance et signent la modernité des techniques de notre maison : Magnéto à haute tension. Carburateur automatique. Refroidissement par eau. Graissage automatique.

Nouvelle pause, nouveau coup d'œil amoureux sur cette merveille.

– Et je finis cette description technique un peu lassante par des améliorations très innovantes : Boîte à 3 vitesses. Deux freins. Pneus de 810 x 90 sur des roues détachables. Ce qui est un immense avantage en cas de déchirure d'un pneu.

Il reprit sa respiration et se retourna complètement pour faire face à ses deux visiteurs, ses mains jointes à hauteur de son ombilic : je vous félicite de votre choix Monsieur, car c'est précisément la voiture que je rêverais d'acheter !

Avec patience, et une certaine assurance, il jugeait sa prestation en scrutant ses vis-à-vis. Il attendait la question qui décidera de l'achat. Il adorait cet instant où il fallait ne pas rater sa cible, tirer à coup sûr et viser le cœur. Règle n° une : pas de précipitation. C'était au tour du visiteur de se dévoiler. D'étaler son jeu. Et de perdre sa supériorité sur le vendeur.

– Vous ne m'avez pas dit sa vitesse, objecta Gaston.

Décidément, ce client est hors-norme ! pensa le vendeur qui répondit aussitôt :

– Ah bon ? J'ai oublié ? Oh, c'est impardonnable, je vous en demande pardon : 55 km/h, Monsieur. Mais le moteur est suffisamment puissant pour maintenir cette vitesse pendant longtemps et même dans des côtes. Raisonnables, bien sûr.

Et au fond de son cerveau tournait une vieille rengaine qu'il se répétait depuis qu'il faisait ce métier, chaque fois différente avec le client : « Ne pas faire de survente, ne rien rajouter. Attendre que le client fasse un pas de plus vers moi. S'il ne pose pas la question, je ne lui dirai pas le prix. »

– Avez-vous un modèle disponible sous un jour ou deux ?

– Oui, Monsieur, vous avez de la chance, nous venons d'en recevoir deux exemplaires après une assez longue période de pénurie. L'un est blanc : celui-ci, devant vous. L'autre est vert, un superbe vert bouteille. Elle peut être mise à votre disposition en 24 heures, le temps de la préparer.

– La carrosserie est verte, mais quelle est la couleur de la bâche, blanche ou verte ?

– Nous avons les deux en stock et vous pourrez choisir.

Et pour lui-même « Il est vraiment tout à fait différent celui-là, il n'aborde pas le prix ? Il va négocier un rabais ! C'est sûr et certain. »

– Bien, je la prends verte avec la bâche de toit verte demain matin. Je dois rentrer chez moi à côté de Pont-l'Évêque, c'est à peu près à deux cents kilomètres d'ici. Que faire pour le plein d'essence ? Vous me la donnez avec un réservoir plein ?

– Oh, oui bien sûr, et nous avons beaucoup de clients à Deauville : vous pourrez donc refaire le plein à Évreux par exemple, sans problème. Mais vous devez pouvoir arriver à votre domicile sans refaire ce plein.

– Eh bien, c'est dit. Je la prends. Je n'ai pas ce certificat de capacité dont vous m'avez parlé, mais je pense qu'il ne s'agit que d'une formalité ?

– Cela ne devient obligatoire qu'en cas d'accident. Ou d'infraction. Hors ce détail, obtenez-le quand même rapidement, le plus vite possible, quoi !

– Vous me montrerez comment cela se conduit et je partirai sur-le-champ. Quels papiers devons-nous signer ?

– Si vous voulez bien me suivre.
Et le vendeur indiqua le chemin de son bureau. Il n'était même plus perplexe. Il était convaincu d'un coup fourré. Ce n'est pas comme avec les autres. Où se cache le loup ? Une forme d'excitation, mélangée à de l'anxiété venait faire monter son niveau de vigilance.

Il présenta deux chaises à ses visiteurs, et passa de l'autre côté d'un bureau bien rangé. Aucun papier en vrac, rien qui traîne. « Un méticuleux » pensa Gaston et il fit un clin d'œil à son compagnon.

Apercevant ce clin d'œil malicieux en s'asseyant à son tour, le vendeur sentit monter une boule d'oppression qui lui serra la gorge.

Gaston lui dit :

– Juste quelques mots pour égayer votre journée : la personne que vous avez failli écraser sur un passage pour piétons, hier soir, et à qui vous avez poliment adressé un doigt d'honneur… c'était moi. Alors, sans rancune.

Il sortit sa liasse de billets et commença à compter. Il savait qu'il avait parfaitement plombé l'assurance de son vis-à-vis, et que celui-ci était désarçonné.

Le vendeur s'insulta *in petto :* « ce serait trop bête de perdre une vente pour une telle gaffe. » Il ne trouva aucune excuse, aucun mot pour se disculper. Il resta bouche bée. Son cerveau venait de rater un démarrage.

Gaston ne chercha pas à l'enfoncer plus que nécessaire :

– Vous m'aviez parlé d'un prix de 8 000 francs, cela tient toujours ?

Il accéléra son comptage et d'un seul coup s'arrêta : Ah, oui. J'allais oublier…

Un petit silence… Gaston compta mentalement jusqu'à trois… Pour bien asseoir le suspense, l'appréhension d'un mauvais tour, faire naître un sentiment d'insécurité, et voir son visage changer.

Le vendeur sentit un frisson courir le long de son dos : « Là, ça y est, nous y voilà, la vacherie est arrivée ». Son visage se contracta. Le sourire se coinça. Il serra ses dents trop fort, faisant saillir ses masséters. Les yeux devinrent immobiles, fixes, et le cou se raidit. La main droite se crispa sur un stylo qui traînait par là. Avec un très fin tremblement parfaitement maîtrisé. Il cherchait désespérément une réplique depuis la phrase assassine des passages piétons, mais son cerveau venait d'être assailli par un tube de colle qui s'était entièrement déversé dans ses circonvolutions et l'engluait totalement. Il lui était devenu impossible de réfléchir ! Son cerveau s'était transformé en yaourt.

Gaston nota le changement et en l'observant, se remémora l'histoire vécue et racontée par un des soldats de sa tranchée. Elle avait eu son heure de gloire, elle aussi :

« Un matin, Simon se réveille avec le testicule gauche enflé, chaud, douloureux. Il a du mal à s'habiller, se dépêche d'aller chez son médecin.

En toute hâte, il se déshabille, expose ses bourses, dont la gauche est encore plus chaude, plus rouge et plus douloureuse qu'une heure plus tôt.

Ce praticien généraliste lui dit :

« Dans ce cas précis, je préfère que vous alliez voir un spécialiste. C'est trop sérieux » rajoute-t-il en fouillant dans ses papiers, éparpillés dans un désordre indescriptible. « Cela pourrait devenir grave. » Puis ayant trouvé, écrit sur une de ses ordonnances un nom, une adresse : « Allez-y de ma part en toute confiance ».

Simon reprend son chemin, traverse presque toute la ville et arrive chez l'homme de l'art. Devant l'urgence, et comme il se fait très persuasif, la secrétaire le fait passer avant les autres clients :

« Maître, voici un cas urgent. » Lui dit-elle pour expliquer ce changement de programme.

Simon entre et sans attendre le traditionnel « Asseyez-vous », il ouvre sa braguette, sort ses lucioles et dit : « j'ai de plus en plus mal à ma boule d'amour gauche » avec une grimace parfaitement explicite.

Stupéfait, le grand clerc se lève de sa chaise, rajuste ses lunettes, ouvre des yeux comme des soucoupes. Convaincu que ses yeux ne le trompent pas, il se rassoit et lâche son épilogue en se grattant le cuir chevelu :

« Il y a erreur. Ma spécialité, moi, c'est le croit. » Et se remet le nez dans ses dossiers épars sur son bureau.

Simon reste médusé, immobile d'incrédulité pendant quelques secondes. Puis il renfile son falzar :

« La France est foutue, y'a plus qu'des technocrates ! »

Réalisant son évasion intellectuelle, un peu trop égoïste, Gaston reprit un ton plus bas, sans même s'apercevoir que son silence prolongé avait fait exploser le niveau du malaise de ce pauvre vendeur :

– J'aimerais énormément une contrepartie à cet achat sans aucune négociation de prix : mon ami ici présent est à la recherche d'un emploi. Il était le patron d'une imprimerie, plutôt spécialisée en prospectus de réclame surtout, et la guerre a ruiné son entreprise. Avez-vous quelque emploi à lui proposer dès demain : compta, gestion, démarchage, réclame, etc. ?

L'autre le regarda avec intérêt : il n'avait jamais eu à subir un tel numéro. Bien joué. Il lui avait mis l'épée sur le cœur puisqu'il avait même les billets de banque en main. Chapeau l'artiste. Il appréciait énormément ce personnage d'un modèle inconnu. Surtout en une telle période où tout était devenu difficile, angoissant, inconnu. Il ne se démonta pourtant pas en se tournant vers Maurice :

– Il n'est pas question de prix ? Alors, que me proposez-vous ? Que me demandez-vous ?

– Monsieur, je suis un peu pris de court, car mon ami ne m'avait pas prévenu de cette idée. Pourtant, je peux vous dire que pour moi, l'automobile est un Eldorado sans limites, sans frontière, une liberté sans bornes, sans grillages ou barbelés, aux immenses ramifications.

En tant que patron de mon imprimerie, j'ai appris à tout faire puisque chaque jour un problème nouveau se posait : l'absence d'un employé indispensable à remplacer soi-même et immédiatement, une panne quelconque, un papier administratif, un client nouveau avec un problème inconnu, etc., etc. Toutes choses que vous connaissez sûrement, donc je n'insiste pas. Et travailler avec vous serait pour moi un saut vers un avenir meilleur. Je suis prêt à tout ce qui pourra vous rendre service dans le but de participer à votre croissance et votre développement.

Maurice se tut, le cœur battant à tout rompre. Il se sentait étouffer d'espoirs. Son front couvert de sueur. Il était exténué.

Gaston était imperturbable. Il avait jugé son vis-à-vis comme un excellent joueur de poker. Il avait donc réparti ses billets dans ses deux mains. Et, une liasse de billets dans chaque main, parfaitement posées sur le bureau, bien en évidence, il attendait sa proie. L'instinct du chasseur venait de se réveiller, de lui redonner goût à la vie. Il avait déjà le doigt sur la détente d'un fusil chargé avec du gros plomb. Pour gros gibier.

Le vendeur se tourna à nouveau vers Gaston et eut un petit sourire.

– Monsieur, j'envie votre compagnon de vous avoir au nombre de ses amis. Vous êtes forcément deux êtres de très grande qualité. Pour ma part, je suis le propriétaire de ce modeste garage et j'ai perdu mes trois employés qui sont partis à la guerre. Les conditions économiques ne sont pas florissantes aujourd'hui, mais cette guerre ne pourra plus être éternelle. Perdue ou gagnée, elle aura une fin un jour. Je fais le pari que cela ne pourra plus durer au-delà d'un ou deux semestres, et qu'alors il faudra être prêt avant les autres. Que diriez-vous si je proposais à votre ami un poste de type administratif, gestion, compta, voire même la réclame puisque vous m'avez dit que telle était sa spécialisation ?

Il avait fini son propos en se tournant vers Maurice. Il avait alors posé son coude gauche sur le bureau et tendait, dans sa direction, une paume de main ouverte vers le ciel. Comme pour recevoir, ou offrir quelque chose. Il guettait sa réponse.

– Eh bien, ce serait avec grand plaisir, répondit Maurice sans aucune hésitation.

Il regarda Gaston avec une infinie reconnaissance. Un immense sourire, une joie infinie éclairaient son visage :

– Voilà qui me conviendrait parfaitement.

Gaston jubilait.

– Pourtant, pour la bonne forme, pourriez-vous nous préciser deux points : quand commencer, et quel salaire ?

L'autre faillit s'étouffer et le regarda sans y croire. Il venait de découvrir un négociateur hors pair. Un braconnier de haut vol, de première classe. Mieux encore, un tireur d'élite. Il l'appréciait de plus en plus. Il toussota pour tenter d'éclaircir sa voix un peu étranglée :

– Eh bien, disons début demain lorsque vous viendrez prendre possession de votre voiture, et pour le salaire, laissez-moi jusqu'à demain ?

Gaston fit un grand sourire :

– Je suis ravi. Je vous propose donc deux choses : à vous, Monsieur, je vous donne les 6 000 F que j'ai déjà comptés, le reste demain matin. Et toi, Maurice, je te propose de rester avec Monsieur…

Il s'arrêta et demanda au vendeur : je ne vous ai pas demandé votre nom ?

– Labrousse, un nom très répandu. Guy Labrousse.

– Donc je vous propose de faire connaissance, de voir vos complémentarités, et se tournant vers Maurice : on se retrouve à l'hôtel pour dîner ce soir, tu me raconteras tout ça. Moi, je vais retourner au bistrot pour ce certificat qui vous tient tant à cœur, M. Labrousse.

Il posa les billets sur la table, attendit que le vendeur les ait recomptés et s'en alla.

Chapitre VI

Nous voici donc en l'été 1918, Gaston, gazé et démobilisé a échappé à la deuxième bataille de la Marne de juillet 1918.

À son retour au foyer, sa femme Marguerite avait retrouvé dans son lit, et sa vie quotidienne, un homme très différent de celui qui l'avait quittée en 1914, lui laissant à gérer deux enfants et ses biens. Donc les fermes.

Le bonhomme n'avait jamais été un manuel : il adorait lire. Tout. Bouquins, journaux, poèmes, romans, il dévorait vraiment tout. Il adorait aussi son pays d'Auge et emmenait souvent femme et enfants le parcourir en calèche. Puis, après son retour, en voiture, LA Renault, il leur commentait les caractéristiques architecturales des demeures locales : la couleur y était un des principes fondamentaux de ces habitations : les fameux pans de bois, les briques et tuiles (parfois vernissées), l'alternance de pierre locale (calcaire ou pierre assez friable) et briques (plus résistantes). Ou encore les pigeonniers des propriétés seigneuriales.

Quant au travail lié à un emploi salarié quelconque, il lui était insupportable. Source de conflits permanents. Seul, l'effort physique lui plaisait. Le travail des champs, la moisson, la taille de sa vigne, l'entretien des chevaux lui convenaient, lui plaisaient. Et il les accomplissait sans problème : il avait donc repris, par héritage, l'exploitation des fermes avec entrain quelques années avant son départ pour le front. Enfin, le reste du temps, il cherchait la compagnie des chasseurs, des livres et des « repas de chasse » bien arrosés. À son retour du Front, il reprit les mêmes coutumes. Mais avec un certain détachement.

Au cours de son absence, sa femme avait reçu régulièrement des lettres de lui. Il y évitait manifestement la description des conditions épouvantables de sa survie. Une seule l'avait fait pleurer à l'occasion du dernier Noël, quand il avait parlé du passé. Et, comme si, pour lui, il n'y avait plus de futur ni d'avenir. Un peu comme si le cimetière était devenu une délivrance, le but normal d'une journée ensoleillée qui allait surgir bientôt. Un apaisement à venir très vite désormais. Demain serait le bienvenu.

Son retour avait été une joie immense, un bonheur indescriptible. Pour elle-même bien sûr, mais aussi, ou surtout, pour ses deux enfants.

La lune de miel n'avait pas duré longtemps, pourrie par l'accumulation des petits problèmes, ou tracasseries, de la vie quotidienne à laquelle il ne pouvait plus s'acclimater. Mais aussi par cette fatigue rapide, cet essoufflement, ses quintes de toux.

Et dès la fin de l'automne 1918, tout était devenu clair : il ne supportait plus du tout la vie banale, normale, régulière. Tout était changé : plus aucune passion pour le travail, aucun appétit pour l'effort physique, aucune envie d'argent, de dépense, de biens matériels. Seul centre d'intérêt : les copains, le bistrot, les bonnes chasses avec de bons amis et de bons vins. Si un besoin pécuniaire survenait, il vendait un des biens dont il avait hérité, sans même compter, ni prévoir, il ne croyait plus en l'avenir. Comme si sa vie désormais s'était arrêtée le jour de son départ pour la guerre.

Et, en cet instant précis, sa femme comprit sans doute aucun qu'on allait atteindre le fond d'une personnalité, la fleur de l'âme d'un héros, le summum d'un savoir-vivre. Elle se décida enfin à tenter de lui parler :

– Mais Gaston, penses à nous, à tes enfants, à leur avenir ? N'as-tu donc plus aucun but dans la vie ?

Il ne répondit pas et s'enfonça dans une réflexion sans verni, égoïste, à mille lieues des problèmes du quotidien. Son esprit l'entraîna dans un jeu solitaire de questions-réponses :

Non, bien sûr, il travaillait dur dans les champs. La preuve, il surveillait à cœur de journée, sans arrêt, sa femme, Marguerite. Lui trouvant toujours une nouvelle corvée, une autre difficulté. Tandis que lui était assis à l'ombre d'un splendide cerisier centenaire. Il avait quand même de quoi se rafraîchir. Ce qui de temps en temps, lui valait quand même, de la part de Marguerite, une réflexion lorsqu'elle voyait, dos appuyé sur le tronc de son cerisier, sa tête se coucher sur son sternum :

– Ça y est ? L'éponge est pleine ?

Mais en sourdine, pour ne pas s'attirer une nouvelle obligation. Une colère. Ou ne pas le faire partir avec un prétexte tiré par les cheveux. Car, lorsqu'il partait, il prenait la voiture, ou selon les cas, le cheval et la carriole, et Marguerite n'avait plus qu'à rentrer à pied. Évidemment.

Il alla même jusqu'à se poser une question idiote :

– Pourquoi un prétexte tiré par les cheveux ?

– Tout simplement parce que je cherche toujours une bonne raison pour aller retrouver mes copains, aller chasser, ou boire un pot. Il eut même l'honnêteté de reconnaître *in petto* qu'il devenait plutôt méchant lorsqu'il revenait légèrement envapé, voire franchement éméché.

Et puis aussi parce que souvent, il allait poser son attelage dans une ruelle de Pont-l'Évêque, puis partait à pied se calmer chez une de ses amies. Zélie.

– Pourquoi en plein après-midi ? S'amusa-t-il en continuant à faire les questions et les réponses :

– Parce que les chasseurs, les agriculteurs travaillent à cette heure-là. Gros nigaud !

Il se refit alors le film d'une aventure qui avait marqué son retour à la vie quotidienne, la vie réelle :

– C'est ainsi qu'une fois, Amédée, le mari de Zélie était rentré plus tôt que de coutume. Gaston n'eut même pas le temps de renfiler ses chaussettes avant de sauter par la fenêtre du premier étage, et les chaussures à la main.

– Oui ! Et il se foula la cheville. Il porta un bandage et boita pendant plusieurs semaines. Mais ce n'est pas tout. Le mari cherchant sa femme, monta dans la chambre, vit le lit tout en bataille, sa femme en train de rafistoler sa tenue, et surtout, trouva des chaussettes d'homme au pied du lit :

– Qu'est-c'que ça fout là, ça ? Quoi c'est-y qu'ces chiffons sal's qui traîn 'nt en douce au pied du lit ? C'est mêm'pas à moi, ça, dit-il en soulevant du bout de l'index ces chiffons qu'il renifla : et en plus, c'est qu'ils embaum' ces machins ? Qui c'est l'dormeur qu'est passé par là ?

Sa femme ne se démonta pas :

– C'était le plombier : il était venu pour la fuite du lavabo. Comme il m'a paru bon, je lui ai demandé de réviser le sommier.

Amédée fut interloqué. Sans voix pendant quelques secondes. Sonné, comme un boxeur !

Comprenant que c'était une impasse, il reprit encore plus énervé. Les questions se succédèrent à un rythme tel qu'aucune réponse ne pouvait être opposée à cette inquisition !

La femme eut une mauvaise réaction :

– Si tu n'fais que m'questionner, comment veux-tu que j'te réponde ?

L'homme se sentit fouetté au visage. Là, ça dépassait les bornes autorisées :

– Ah, si tu l'prends comm'ça, j'vais t'esspliquer qui c'est qu'est l'maitr'dans c'te baraque.

Et joignant le geste à la parole, il se mit en mesure d'administrer à l'infidèle une volée de bois vert.

Il commença par lui arracher ses vêtements :

– Les traînées, ça s'déshabill' plus souvent qu'ça s'habille. T'as pas b'soin d'ces babioles.

Pour accélérer la manœuvre de déshabillage, il distribuait claques et coups de poing avec une hargne exaspérée. Lorsqu'elle fut nue, debout au milieu de la chambre, bras croisés sous sa poitrine, il ne se calma pas :

– Et pis, tes seins qui prouv'nt que ta Grand-Mère avait dû fauter un jour avec un teckel et laisser à sa descendance un peu de ce sang dans ses veines, on va les ratatiner. T'as vu la peau d'tes cuisses ? On dirait des pantalons d' golf, mal repassés, avec en plus des vagues qui tombent sur les genoux. Mais comment un type normal, raisonnable ou classique peut-il avoir envie de passer un quart d'heure à se trémousser entre ces jambons peu ragoûtants ?

Cela dura plus d'un bon quart d'heure et la séance fut conclue par une vingtaine d'hématomes et flétrissures sur tout le corps. Mais aussi, bien pire, sur le visage. La belle s'en cloîtra chez elle quelques semaines.

En sortant dans son jardin pour se calmer, Amédée vit la voisine qui l'attendait à l'entrée :

– J'ai entendu des cris épouvantables, alors je suis venue pour voir si je peux vous être utile ?

– C'est très aimable à vous, Madame Michon, c'est simplement ma femme qui avait une de ses coliques épouvantables. Son ventre est extrêmement douloureux. Heureusement qu'elles sont rares. Mais je suis parvenu à tout calmer. Avec une bouillotte d'eau chaude. Et tout va bien maintenant. Merci de votre sollicitude.

Il savait pertinemment que cette vieille fée malfaisante allait brailler dans tout le village qu'il y avait eu un pugilat chez ses voisins.

Et une bonne vingtaine de jours plus tard, déçue par la fuite et l'absence de secours de la part de son Casanova, Zélie se décida, un beau matin, à aller chez celui-ci dans le but de partager avec lui, ou son épouse, la détresse que l'on imagine.

– Bonjour Madame, je suis Zélie, la femme d'Amédée, dit-elle en se présentant à la porte que Marguerite venait d'ouvrir.

– Bonjour, vous voulez parler à Gaston, je présume ?

– À vous aussi, répondit-elle du tac au tac.

– Parce que tout le monde raconte vos exploits : lui, avec une cheville détruite. En plus, il a perdu une paire de chaussettes, ce qui fait rire tout le monde : se promener pieds nus dans ses mocassins, ça ne se fait pas, ça fait miséreux !

Zélie l'interrompit ne voulant pas se laisser distancer par ce petit galop d'introduction :

– La fenêtre de la chambre est quand même au moins à trois mètres de hauteur, cela aurait pu être beaucoup plus grave. Bien pire, il est tombé juste à côté, à moins de 10 centimètres, d'un piquet de fer d'un bon mètre de haut, il aurait pu s'empaler !

Marguerite n'avait pas l'intention de pratiquer la défensive dans cette bataille :

– Votre mansuétude me touche, mais ne m'affecte pas trop, car je vous trouve bien sûre de vous pour venir me narguer jusqu'en mon domicile. C'est mon mari, or vous cherchez à vous l'approprier.

– J'ai su plaire à plus d'un homme, et je compte bien continuer sur ma lancée, puisque mon mari ne sait pas m'apporter ce que j'attends d'un homme, d'un vrai.

– Madame, vous semblez oublier que depuis cette aventure, vous avez le visage ravagé, comme par une attaque d'obus allemands. Rien que cela, ça apaiserait toutes les ardeurs. Même chez les plus aveugles satyres. Cela laisse aussi augurer des outrages liés aux gaz de combat sur le reste du corps.

Vlan, ah mais, la contre-offensive promettait d'être d'un bon niveau.

Le ton employé par Marguerite déplut souverainement à Zélie. Telle une poule à qui on vient de voler son œuf, elle sauta sur les cheveux de cette adversaire rétive en lui donnant un coup de genou dans le ventre. Le ton était donné. La réplique fut à la hauteur.

– Mais Madame, il faudrait plutôt vous appeler : Bell'salope !
Marguerite lança une droite vacharde vers le nez de la vipère.

– Non Madame, Zélie-comm'tout-l'monde, répondit-elle sèchement, en envoyant des coups de pied en direction des tibias. Même dans la tourmente, elle savait garder un peu d'humour.

Les injures, les coups bas, les traîtrises se succédèrent. Les vêtements se transformèrent en haillons, les cheveux laissèrent apparaître des clairières, les nez saignèrent. Le combat s'arrêta brusquement lorsque Marguerite éclata de rire :

– Que diriez-vous de faire la paix ?
Et joignant le geste à la parole, elle invita Zélie à rentrer dans sa demeure.

– Mon mari a été transformé par cette guerre et sa vie dans les tranchées pendant longtemps. J'ai fini par comprendre qu'il ne pourra pas s'en remettre. Cela a dû être épouvantable, au-delà de tout ce qu'un humain normal peut supporter. Je l'ai tellement aimé autrefois que je suis prête à supporter beaucoup. Beaucoup et même plus, tant qu'il restera un être civilisé, courtois avec moi. Comme il le fut autrefois. Je lui pardonne donc d'avance ses frasques, à condition que nos enfants n'en souffrent pas. Pas du tout. Et, en espérant qu'il redeviendra un jour celui que j'ai choisi, dit-elle en invitant sa visiteuse à s'asseoir de l'autre côté de la table, face à elle.

La fureur était tombée. Comme l'orage, elle était remplacée par une sensation de libération, de calme, de tranquillité. Un apaisement libératoire envahit les deux ex-ennemies jurées.

Zélie reçut cette confession comme une douche froide. Elle s'attendait à de l'agressivité, de la jalousie, du mépris. De la haine. Elle découvrait une autre façon de penser et surtout de vivre.

– Merci Madame, je vous demande pardon. Pardon pour tout le mal que je vous ai fait. Pardon pour mon agressivité, pardon, pardon, je ne vous demanderai jamais assez pardon, face à votre grandeur d'âme et votre bonté.

– Zélie, croyez bien que ce n'est pas facile tous les jours, mais je n'ai que deux arguments à vous proposer afin que vous puissiez mieux me comprendre : nos jours sont comptés, ils sont trop peu nombreux et trop courts. Mieux vaut donc voir, et suivre, le bon côté de la vie. Surtout dans les moments de tempête. Et deuxièmement, dans ce contexte de guerre, il est bien évident que nous, peuple français, sommes trompés, abusés, et que tout est fait pour nous faire plier l'échine. Parce que certains y voient leur intérêt. Au nom du « servir le bien commun », ils se servent eux-mêmes en premier, et se goinfrent. Et si un rêveur leur demande « Et que faites-vous du peuple ? » La réponse est un énorme éclat de rire cynique. Alors, soyez tranquille, je ne vous en veux aucunement. Désormais, appelez-moi par mon prénom, et vous serez toujours la bienvenue.

La conversation se poursuivit autour d'un verre de cidre, et elles se séparèrent très courtoisement comme de nouvelles amies. Avec encore un peu de distance, mais la hargne était lavée, essorée.

Gaston sortit de sa rêverie lorsqu'il réalisa que sa femme était en pleurs. Il eut un profond sentiment de honte, de dégoût, de désespoir. Mais il ne trouvait pas les mots. Il se mit à pleurer et la prit dans ses bras. Il ne voulait pas la rendre malheureuse. Elle était très largement au-dessus des autres, même au-dessus de lui. Elle cherchait toujours à faire plaisir à tous ceux qu'elle côtoyait. Et c'est pour ça qu'il avait été conquis par son caractère, sa gentillesse, sa bonne humeur… Cet amour sincère des autres. Pour la symboliser, le meilleur exemple était son sourire.

Une immense panique s'empara de lui : « Tout, mais surtout ne pas la perdre ! ».

Il la souleva et la porta jusqu'à leur chambre.

Chapitre VII

À peu près le même jour, Amédée cherchait dans tout le village qui avait bien pu lui faire porter une si belle paire d'andouillers. Quel sort lui réserver ? Son esprit tournait en un manège infernal autour de quelques solutions, quelques résolutions. Déambulant dans la rue principale, il allait d'un trottoir à l'autre sans même regarder où il était. Ses pas l'amenèrent vers l'église.

Mort-aux-rats, coup de fusil, renversé par sa carriole attelée au grand galop, écrasé par un arbre qu'on abat. Les idées de sévices se bousculaient, se complétaient… Mais aucune ne s'imposait.

– Non, ça va pas ! C'est une mort trop douce. Faut du spectacle, faut du suspense. M'en faut pour mon argent : il me fait trop mal. Et ça va durer longtemps, j'n'oublierai pas d'ici des mois ou des années. Faut qu'i' m'supplie à genoux. J'veux l'voir pleurer. Comme un gosse. Alors, le faire crever ? Non, ce serait le transformer en martyre.

Il ne se rendit pas compte qu'il réfléchissait maintenant à voix haute.

Croisant une vieille au dos courbé en deux, il continuait sa cogitation à haute voix. La brave dame s'arrêta, le regarda passer devant elle, tout ébaubie, et croyant qu'il s'adressait à elle, lui répondit :

– Eh ben, j'sais pas à qui vous pensez en c'moment, vous, mais ça va lui faire chaud au cœur de découvrir une telle sympathie envers sa pauvre petite personne.

Amédée ne l'entendit même pas. L'ancêtre le laissa passer et ne reprit sa propre déambulation qu'après avoir acquis la certitude qu'il n'allait pas s'écrouler, ivre mort, en descendant du trottoir : « ils sont fous ces jeunes ! Cette jeunesse n'a vraiment plus rien de commun avec la nôtre ».

Alors, subitement, logiquement, le nom de Gaston vint à l'esprit d'Amédée. Comme une évidence énorme, une révélation. Une véritable délivrance : l'ignorance est toujours plus angoissante que la certitude, que le savoir, lui disait l'instituteur : « L'avait raison, le vieux casse-pieds », conclut-il.

Sans prévenir, il s'arrêta. Véritablement frappé de stupeur. Tétanisé.

– Bon sang, mais c'est sûrement Gaston, mon pote Gaston. Mon meilleur ami, le seul ami d'ailleurs. Le chasseur qui est estimé de tous ses copains de battues aux sangliers, pour son intuition dans le comportement de ce superbe gibier, pour son flair dans la recherche de ses bauges, pour sa façon de diriger son chien vers la planque du vieux mâle solitaire. Et son adresse au coup de fusil. Et ses éternelles histoires de conquêtes féminines. Si, si, c'est lui, j'en suis maintenant convaincu.

Alors lui revinrent une succession d'anecdotes, souvenirs et autres motifs d'éclats de rire énormes. De ces fameuses histoires de repas de chasse qui en font tout le charme, le sel, le bonheur de manger, boire et rire à gorge déployée avec des amis. Des instants qui faisaient attendre la prochaine partie de chasse avec impatience, avidité, presque fièvre.

Certains détails prirent enfin une tout autre signification. Il s'en remémora brutalement une qui l'avait fait pleurer de rire lors de leur dernier repas dans la cabane de chasse :

– Au gabion, Gaston quitte ses deux amis vers 22h en leur disant qu'il retourne chez lui surveiller sa femme, car il a des soupçons. Il se demande si elle ne reçoit pas son amant durant son absence. Et il fonce précisément chez son copain qui, lui, reste à guetter le canard au gabion. Il se glisse dans le lit de sa femme jeune et belle en toute sécurité. Et avec quelques heures de sécurité devant lui pour accomplir le plus possible d'espiègleries.

Amédée comprend alors que ce cocu magnifique, c'est lui-même.

Une immense tristesse l'envahit. Et les pensées les plus contradictoires se remettent à tourner. De plus en plus vite et obsédantes. Un vrai siphon de lavabo, mais qui ne se vide pas, lui. Il ne fait que tourner de plus en plus vite. Avec des alternances de calme et d'accélérations. Son esprit s'emballe, du meurtre au pardon total. Du grand théâtre, partant de Cyrano pour arriver à Frankenstein, en passant par Don Quichotte.

Ainsi marche-t-il des heures à la recherche d'une solution à son drame. À plusieurs reprises, il se rend compte qu'il tourne autour de son pied droit. Et pour parler comme les autochtones : « Il tourne en rond comme une pie qu'a mal au cul ».

Évidemment, il a beaucoup de mal à trouver le sommeil cette nuit-là.

C'est alors… C'est alors qu'au milieu de la nuit, n'y tenant plus, il réveille sa femme et dans une grande séance dramatico-hystérique, il lui dit :

– Je sais qui est celui avec qui tu me trompes. Je vais aller le flinguer.

Sa femme ne met pas longtemps à se réveiller et cherche à le calmer :

– Tu y vas tout de suite ? En pyjama ? Et pour lui dire de faire ses dernières prières ? Arrête tes délires. Calme-toi, tu vois bien que tu divagues. » Hélas, elle comprend aussitôt que ce n'est pas ce qui va le calmer. « Allez, stop ! Recouche-toi et reviens auprès de moi : on va faire un câlin, et après tu te rendormiras enfin.

– Non, j'peux pas. Faut que j'le déconstruise, que j'l'agence à l'envers. Un vrai miracle, un prodige unique dans l'histoire de l'Humanité. Faut qu'je change son architecture en mettant sa charpente à contresens. Oui, c'est ça : le mettre définitivement recto verso. Faut qu'i'marche en arrière. Les yeux dans l'dos. Pour compléter l'tableau, il faut aussi qu'il ait la verge à jamais vers le bas. Qu'elle ne puisse plus jamais regarder le ciel, comme les cochons. Le fusil cassé, et sans cartouche dans le magasin. Plus jamais en état de tir. Terminée la position du serpent Naja. Finie la gloire du soleil au Zénith. Bouclée, liquidée, achevée la Renommée, voici venue la décadence pelvienne.

Amédée était en pleine crise de mysticisme, comme chaque fois qu'il avait un peu forcé sur le calvados. Il adorait faire dans l'emphase. Et comme sa femme était très mal à l'aise, il avait beau jeu de laisser le fleuve sortir de ses berges. Et d'en rajouter un peu. Alors, il tendit un peu plus ses rennes, donna des jambes et força son coursier vers une autre diagonale :

– Faut plus jamais qu'une femme le regarde avec une pulsion érotique. Une émotion, une chaleur du périnée. Cette impérieuse envie de connaître autre chose.

Et après un silence : C'est bien ce que tu recherchais, n'est-ce pas ?

Sa femme évita de répondre de peur de relancer une guerre pluri-quotidienne depuis qu'il était revenu trop tôt.

– Il a quelque chose de plus que moi ? Mais réponds-moi, tu vois bien que tes silences m'exaspèrent au lieu de me calmer.

– Pourquoi dis-tu cela plutôt que « quelque chose de moins, ou de différent ? » Tu n'es pas à ma place, tu ne peux pas comprendre.

– Il est plus tendre, plus romantique ?

– Plus à l'écoute, voilà tu sais tout.

– Il a plus de ténacité, plus de combativité ?

– Plus de hargne, plus de désir d'exaucer.

– Je ne comprends pas.

– Alors, arrête et reviens à côté de moi, ce n'est pas comme ça que tu nous aideras à reconstruire.

– Mais je ne veux pas nous reconstruire, c'est lui que je veux détruire afin qu'il ne puisse plus jamais faire de mal.

Ils étaient sur deux voies différentes qui ne parvenaient même plus à se croiser.

Elle pensait : « Il ne m'a jamais demandé ce qui pourrait me plaire davantage. »

Lui ruminait : « Il m'a ruiné. Alors, je veux lui infliger la même sanction. Comme si, hélas, ce n'était pas toujours exactement la même chose. Je dois lui enlever tout ce qui le motive. Finies les galipettes, les roulades, culbutes et autres roulés-boulés. Plus jamais de voyage dans le septième, le huitième ou même le neuvième ciel. « Cerveau des désirs en berne, Verge en baderne » comme dit le vieux dicton normand. Faut plus qu'avec lui, elles aient l'envie de monter l'escalier. Y'a jamais rien de plus ou de meilleur en haut d'cet escalier. Ou ça se saurait Na ! » Pour lui, la messe était dite.

Mais là, il allait trop loin et cherchait à faire pardonner ses insuffisances. Sans vouloir les connaître.

– Allez, arrête et viens te frotter ici, lui répéta une Zélie qui se voulait aguichante.

– Tu m'énerves. Tu vois pas que 'j'peux pas penser à aut'chose ? J'veux qu'il puiss' plus jamais recommencer le mal qu'il m'a fait.

L'idéal serait qu'il vive, mais sans jamais plus sortir son victorieux, son coupe-circuit, son jubilatoire pour rassasier une bourgeoise, pour apaiser, calmer ou étancher une furie, une peste, une jeune ou un dragon. J'veux qu'il ne sache même plus à quoi peut bien servir cet appareillage, ce distributeur de plaisirs, cette cravache des jouisseurs. Et mêm'plus, je veux qu'il y pense à regret, avec nostalgie, comme les p'tits vieux qui s'racontent encore sur le banc des jeux de boules, leurs victoires, leurs émois d'autrefois. Je veux qu'il mette sous coiffe à tout jamais cette machine-outil, cet équipement du parfait aguicheur. Qu'il ne puisse plus jamais en profiter pour repartir le ventre soulagé, l'âme sereine, et le rein léger. Et pour aller ensuite, une fois de plus, comme un coq chanter dans les environs ses dernières turpitudes, en déclenchant partout des fous-rires au détriment des absents, des crédules ou naïfs. Je veux tellement qu'il découvre, si jeune, ce que les vieux constatent tristement : « je l'ai plus souvent à la main qu'à vingt ans, mais aujourd'hui c'est seulement pour pisser. »

Enfin, enfin, après avoir tant réfléchi, Amédée était parvenu à cracher ce qu'il avait au fond du cœur, ce qui lui enserrait le cerveau, l'estomac et le ventre :

– Faut maintenant qu'il apprenne à être parcimonieux de ses plaisirs sexuels, car il y a beaucoup de nécessiteux.

Tout compte fait, il était un véritable altruiste.

Un philosophe ?

Chapitre VIII

Nous sommes au milieu de l'automne 1918.

Depuis des semaines, Amédée tourne en rond avec son énorme délire de jalousie.

Tout est prétexte à fuir les moindres rencontres, les voisins, les amis. Il ne veut plus voir personne.

Il n'en dort plus, a maigri, hurle à la moindre remarque, casse l'outil qui a le malheur de « résister ».

Quand enfin, une invitation à une battue aux sangliers sur les terres d'un de ses voisins lui offre l'opportunité de se changer les idées, d'oublier ce qui lui ronge l'esprit, les sangs et le ventre.

La chasse est depuis toujours sa lessiveuse intellectuelle : tout y est blanchi, remis à neuf, impeccable, et sans plus aucune tache ! Son grand, unique, gigantesque plaisir sur terre !

Il accepte immédiatement, sans même réfléchir et sans la moindre hésitation. Content et fier « comme un cât [1]qu'a pissé dans la braise », disent les Honfleurais. Il donne une pomme au gamin qui est venu en courant lui porter cette invitation. Il omet même de se faire préciser qui seront ses compères ! Il a totalement oublié que son ennemi actuel y serait forcément !

À 9 heures, il est donc au lieu-dit « les Bruyères », en face d'une belle forêt, de plus d'une bonne centaine d'hectares, entourée de champs. Il y a aussi un petit cours d'eau sur son plus grand côté. Connue pour ses gibiers tous plus superbes les uns que les autres : du chevreuil au sanglier, en passant par le lièvre, la grive, la perdrix, le pigeon. Et même parfois, certes rarement, un faisan, etc. Avec pour chacun d'eux un territoire préférentiel que connaît parfaitement son propriétaire. Bien sûr on y croise aussi le blaireau, le renard, la fouine. Mais il faut de tout pour faire un monde.

Les invités arrivent en rangs serrés. Et voici Gaston. La vedette, depuis qu'il a été récemment libéré de son devoir militaire pour cause d'intoxication aux gaz de combat. Ce qui a fait le tour du cercle des chasseurs du département. Amédée le reconnaît à cent mètres et tourne tout de suite le dos. Une énorme boule vient de lui nouer la gorge. Il fait semblant de fourbir son arme et préparer ses munitions, et tente de rassembler ses esprits.

Une tape sur l'épaule le fait se retourner, il est face à son rival, son ennemi.

Un choc. Respiration bloquée. Un vide total dans le cerveau. Un « blanc ».

---

[1] Cât : dicton régional dans lequel le son "ch" devient "k". Ici, le "chat".

Il reste bouche bée pendant quelques secondes. Jambes molles, et mains tremblantes.

– Ben, tu viens de voir le diable ? Lui demande Gaston avec un grand sourire jusqu'aux oreilles.

– Oh, toi mon salaud, j'te parl'plus : tu vas sauter ma femme, et après tu viens raconter tes histoires de fesses en faisant exploser de rire tous nos amis. Et pire que tout, je fais partie de ceux qui se marrent le plus fort. Tu t'rends pas compte comme j'ai envie de t'flinguer. Rien qu'ça. Tout simplement. Alors j'te conseille de surtout pas te trouver dans ma lign' de mire aujourd'hui.

La voix était tremblotante de colère très difficilement contenue, mais sans élever le ton. Pourtant, il ne parvenait pas à expliquer ce qui l'étouffait :

– Je ne parviens pas à oublier tout ce que tu as pu dire sur les femmes que tu sautais : tu n'as quand même pas oublié ton : « Je n'arrêterai la chasse aux femmes que lorsque j'en aurai trouvé une qui l'aura en forme de boîte à lettres ». Alors, ma femme là-dedans, où la mets-tu ?

Et toutes les autres ? Qu'est-ce que tu en as dit ? Tu te souviens de celle de Joseph ? Quand un jour, je t'ai fait remarquer : « Tu te rends compte, c'est leur douzième enfant » et que tu m'as répondu : « ils connaissent pas la marche arrière ! » J'ai explosé de rire, et je reconnais que j'en ris encore. Mais j'ai honte de moi ! Et toi, t'as pas honte ?

Il ne parvenait pas à se calmer :

– Et puis, dans tout ça, qu'est-ce que tu fais de ta femme ? De tes enfants ? Tu vas divorcer, tu vas toutes les épouser ? Où cours-tu, où vas-tu t'arrêter ? Lorsqu'enfin, l'un de tes enfants à venir ne te ressemblera plus et que tu comprendras que la roue a tourné, et que tu es devenu à ton tour le cocu magnifique ?

Gaston réalisa qu'Amédée avait lâché tout, ou presque, ce qu'il avait sur le cœur. Il pouvait enfin lui répondre, se défendre :

– Arrête Amédée, arrête. Tu te fais du mal, tu nous fais mal. Et cela n'y changera rien. Tu sais bien que tu es mon meilleur ami. C'est à toi que je pensais dans les tranchées quand j'avais l' bourdon et envie d'y rester, d'y crever, d'en finir pour ne plus avoir à affronter cette conn'rie de guerre. Cette saloperie de boue, d'excréments, de cris de douleur. Plusieurs fois, j'ai pensé à aller à l'assaut en ne me courbant pas, en restant debout, droit face à la mitraille. Pour enfin ne plus avoir peur, ne plus subir, ne plus obéir à ces ordres déments, ne plus faire dans mon pantalon en partant à l'assaut. Pourtant, à chaque fois, je me suis couché, j'ai rampé physiquement face aux Boches, et donc psychologiquement face aux ordres. À en pleurer le nez dans la boue. Et je pensais à ma femme, nos enfants, et toi ! Toi qui me disais : « Tu es la France, tu dois vivre et vaincre ! » On s'connait depuis l'école. C'est ensemble qu'on a construit tous nos meilleurs souvenirs d'enfance, mais aussi affronté nos galères d'adolescents boutonneux. Tu ne vas pas me dire que tu as pu oublier ce gag fabuleux qu'on avait monté, tous les trois avec ta femme : elle retourne chez son médecin en lui demandant s'il n'a pas retrouvé sa petite culotte. Comme il lui répond « non, mais vous ne vous étiez pas déshabillée à ce point ! », elle lui dit en ouvrant la porte pour qu'on l'entende bien, car on l'attendait tous les deux juste derrière, les bras croisés, sagement : « Bon, alors je l'ai laissée chez le fleuriste ! » Et elle referme la porte à son nez. Tu as déjà oublié qu'à chaque fois qu'on évoque cet épisode, on se déroule de joie pendant plusieurs quarts d'heure ?

Et tu en veux d'autres ? On pourra jamais l'oublier, ce canular ni les autres, ni les renier. Te souviens-tu de ce jour où, devant un groupe de nos amis chasseurs, on se met à parler de Félix, qui n'est pas au rendez-vous ce matin-là. Félix, un compagnon très drôle, mais toujours imprévisible. Et je te dis avec une très forte conviction : « Il n'a pas prévenu de son absence, mais de toute façon, ce brave garçon n'a aucun savoir-vivre ! » Si ma mémoire est bonne, c'est David qui nous dit à brûle-pourpoint : « Félix ? Il est mort avant-hier soir ! » Et il continue en te faisant alors remarquer de façon péremptoire : « Tu vois, c'est ce que Gaston vient de te dire ! »

Tu vas vraiment oublier tous ces souvenirs ? Ces moments uniques de bonheur en commun ? Mais c'est vrai, j'te demande pardon : j'adore ta femme. Elle est la plus marrante, la plus rieuse, la plus joyeuse de toutes les femmes du département. Je t'envie de l'avoir épousée. Je suis même jaloux qu'elle t'ait choisi ! Tu n'te rends mêm'pas compte de ce trésor que tu as chipé à toute la gent masculine. Et moi, depuis mon retour de l'enfer, j'ai envie de rire, de ne profiter que des instants de bien-être, de ne plus voir les emmerdes, ne plus tenir compte des obligations et des contraintes. C'est à cause de cett'putain d'guerre que j'ai envie désormais de transgresser tout ce que je respectais autrefois. Parce que je reconnais que je m'étais quand même fixé quelques interdits ! Ce n'est pas pour te faire de la peine ni pour te voler ta femme. C'est ma façon aujourd'hui de chercher à revivre. Mais si tu me pardonnes, si tu pardonnes aussi à ta femme qui m'a aidé à franchir un cap difficile, je te jure qu'au nom de toute l'amitié que j'ai pour toi, je ne retournerai plus jamais voir ta femme. Et si je la croise, je lui demanderai pardon à elle aussi.

Et enfin, puisque tu as évoqué ma femme : aussi incroyable que cela te puisse paraître, je n'ai aucune intention de lui faire du mal, encore moins de la perdre ! Elle a toutes les qualités, toutes. Elle règne sur tout, ses solutions sont toujours bonnes face à un problème nouveau, elle est toujours de bonne humeur, malgré mon sale caractère que cette vérol'de guerre a aggravé. Tu veux un exemple ? Elle chante dès le matin au réveil. Tu en connais toi qui chantent en se levant ? Elle rit, ou sourit tout le temps ! Mais, si tu veux tout savoir, son seul véritable défaut, un grave, car elle en a quand même un : Elle aussi a le nez au milieu de la figure ! elle n'en a pas d'autre. »

Gaston s'interrompit, épuisé. Ses jambes tremblaient, une immense faiblesse avait envahi tous ses muscles. Il s'assit dans l'herbe et laissa s'exprimer un sanglot. Il se sentait pourtant soulagé d'avoir eu cette explication, d'avoir demandé pardon à son complice de toujours. D'avoir, lui aussi, vidé son sac.

Amédée resta silencieux. Il était tout déboussolé. Ne savait plus que faire ni penser. Passant d'un pied sur l'autre, il tripotait son fusil dans tous les sens. En évitant de regarder Gaston. Il avait envie de pleurer lui aussi, de se faire consoler comme un enfant qui vient de casser son jouet favori.

– Je comprends que tu aies du mal à me pardonner : je ferais pareil ! reprit Gaston. Mais on ne peut pas se priver d'un frère, d'un compère, d'un complice. Encore moins de ses propres souvenirs d'enfance. C'est à moi de trouver la méthode, le procédé pour dénouer ce dilemme. Et je ne sais pas…, dit-il en se relevant.

Tous les deux fixaient leurs bottes. Tous les deux avaient des larmes dans les yeux.

Après un long silence, Gaston reprit :

– Tiens par exemple, dis-moi ce que tu veux, je te jure que j'essaierai de le trouver pour te le donner. Pour preuve que je ne veux ni ne peux, pas perdre ton amitié.

Amédée releva la tête. Le regarda fixement dans les yeux :

– Quelle est la chose qui t'est actuellement le plus chère ? Quelque chose qui compte énormément pour toi en dehors de ta famille ? dit-il alors, sans même y avoir vraiment réfléchi, mais avec fermeté.

– Je ne sais pas ? Mon cheval Irish Cob noir à fanons blancs ? Ou ma voiture ?
La voix n'était ni assurée ni convaincue. Tremblotante. Il ne voulait qu'une chose : retrouver Amédée.

– Eh bien, tu me prêtes ta voiture un dimanche sur deux, comme si elle était à nous deux. Comme ça, tu penseras à moi quand j'te l'emprunterai. Et tu m'diras c'que tu ressens. Tu auras ainsi un avant-goût, bien modeste cependant, de ce que c'est que la jalousie.

– Bon. D'accord, mais on oublie toute cette histoire ? Et encore une fois, je te demande de me pardonner.
Il s'avança vers lui, l'entoura de ses bras et l'embrassa très doucement. Amédée accepta cette effusion inattendue. Gaston attrapa alors Amédée par le bras pour aller retrouver le groupe des invités au moment où le propriétaire de la chasse allait expliquer la stratégie de la battue.

En y arrivant, Gaston précisa pourtant :

– Mais ce n'est pas une vengeance, ni de part ni d'autre. C'est le remboursement d'une dette.

Et il détacha distinctement chaque mot : Il n'y a plus de problème entre nous, d'accord ?

Sans hésiter, Amédée acquiesça : d'accord. Un accord sincère. Sa voix ne mentait pas. Mais il eut quand même un peu de mal à avaler sa salive.

Leur arrivée dans l'escouade déclencha le signal, bruyant et rigolard, d'une journée de jovialité. Tout le monde ressentit que la journée serait riche en rires. Et le tableau de chasse du plus haut niveau. Les deux meilleurs fusils étaient sur la ligne de départ.

Le bruit était à son optimum, car toute la meute des chiens s'échauffait, faisait ses gammes, se comparait, se jaugeait en donnant à son maximum de la voix. Les rois de la journée voulaient prouver à tous qu'ils allaient se comporter en incontournables seigneurs de guerre. Tandis que chacun des maîtres cherchait à obtenir le silence de son valet en hurlant encore plus fort que ceux qui l'entouraient. Un tumulte étourdissant, et enivrant, l'un des charmes de ces réunions. Un peu fatigant, mais tellement folklorique. Tellement excitant, enthousiasmant.

Une trompe annonça que l'hôte allait parler. Les chiens étaient assis au pied de leurs maîtres. Seules leurs queues fouettaient encore l'air, accompagnées de petits soupirs et grognements d'impatience.

– Bonjour Messieurs,

Je vous souhaite la bienvenue sur la ferme des bruyères. Permettez que je vous dise très simplement, mais tellement sincèrement à quel point je suis heureux de vous revoir, tous ici. Et avec une pensée particulière pour Gaston qui est parvenu à quitter l'enfer, sans trop de dégâts. Et que nous allons accueillir avec tellement de bonheur.

Les chapeaux volèrent, les houra fusèrent, quelques coups de feu claquèrent. Les chiens aussi en profitèrent ! Lorsqu'enfin le silence revint, le maître des lieux put reprendre :

– La journée sera belle comme l'indiquent le beau ciel bleu et le sens de ce vent qui nous vient du Nord-Est, mais elle sera plutôt fraîche. Couvrez-vous donc bien.

Nous irons au-devant des rabatteurs. Partant du Nord, ils s'arrêteront en direction du vallon au centre de la forêt, où devrait se terminer notre battue. Les rabatteurs seront donc plutôt en montée et nous, plutôt en descente.

Je vous propose de vous répartir en deux groupes : à ma droite ceux qui partiront de la bordure sud-est, et à ma gauche ceux de la bordure ouest. Réglons notre montre : le départ des rabatteurs est prévu pour dix heures. Je vous propose donc de commencer votre avancée vers 10h20. Il ne vous reste plus qu'une petite heure pour vous mettre en place.

Je vous rappelle les règles de sécurité : on ne tire que sur un animal parfaitement identifié. En préférant les vieux mâles.

Le repas est prévu vers 13h30/14h au chalet.

Je formule des vœux pour que cette journée d'ouverture de la saison soit un succès et un vrai bonheur.

Et que St Hubert nous accompagne de sa force.

La meute reprit son concert aussitôt et tout le monde se mit en marche pour contourner la forêt.

À dix heures, on entendit clairement la trompe qui annonçait le début de la traque. À dix heures vingt, elle annonça le début du « chaudron ».

Tableau de chasse du jour, pour une quinzaine de chasseurs accompagnés d'une douzaine de chiens, et d'une dizaine de rabatteurs, qui avaient entouré les deux côtés nord et sont pour rabattre le gibier :
9 cochons, 3 chèvres, 4 lièvres, ainsi qu'un pigeon qui passait par là, ou par erreur ?

Avec quelques petits suppléments : le renard qui faisait tant de ravages chez Mathias, l'éleveur de poules ; le couple de blaireaux qui avait fait son terrier du côté de chez Jules ; et, bien sûr, Martin-le-teigneux avait abattu quelques corbeaux, comme de coutume, parmi d'autres tirs au cochon : parce qu'il n'aimait pas le cri de ces volatils, disait-il. Mais la rumeur la plus répandue était que c'était pour améliorer sa précision et sa rapidité. Et il était pourtant parmi les meilleurs dans le tir au jugé.

À table vers la fin du repas, avec le petit verre de Calva en main, Gabriel, le plus vieux des chasseurs, assis en face de Gaston, se mit à parler.

Il avait fait partie de cette Bande des Bons Buveurs : les fameux 3 B, réputés dans tout le canton. Puis, à la mort de sa femme, il avait disparu du groupe, de ses ripailles, et autres réjouissances. Enfin après une ou deux autres péripéties, il était réapparu pendant cette guerre, et s'était fait à nouveau remarquer par sa bonne humeur légendaire. Son éternel sourire et sa bonhomie devenue mythique.

Ce jour-là, il avait une mine réjouie, un œil malicieux, le sourire encore plus épanoui que de coutume, Gaston le félicita sincèrement pour son visage rajeuni et ses yeux pétillants.

Flatté, son vieil ami Gabriel s'épancha sur sa vie amoureuse :

– Si tu veux savoir le secret de ma nouvelle jeunesse, de ma bonne humeur retrouvée, c'est très simple. Tu sais que depuis que je suis veuf, je ne parviens pas à vivre seul. Après plusieurs tentatives, j'ai rencontré une petite splendeur âgée de vingt-huit ans. Et voilà, pour faire bref, je l'ai même mise enceinte.

Ses yeux brillaient de bonheur, sa voix était émue, ses mains en tremblaient. Il rayonnait.

Gaston le regarda avec des yeux ronds, ému lui aussi, réfléchit deux secondes et lui dit :

– Je vais te raconter une aventure qu'un collègue de tranchée, grand chasseur devant l'éternel m'a relatée : « Un matin il se réveille très en retard pour aller se joindre à ses compagnons de chasse. Tout est fait à la hâte : petit déjeuner, toilette, habillement, etc. Et au moment de partir, au lieu de prendre son fusil, il attrape en courant son gros parapluie. Qu'il jette comme d'habitude dans son tilbury.

Le voilà dans la plaine, parfaitement immobile, afin de ne pas effrayer un éventuel gibier. Il est en bordure d'une haie lorsqu'un énorme sanglier solitaire vient droit sur lui. Le vieux mâle est dans un petit trot et s'arrête à une bonne quinzaine de mètres. La truffe en alarme, l'ayant enfin différencié d'un arbre. Le temps de réaliser qu'il est face à un homme. Cet imposant gibier baisse alors la tête, pousse un grognement sourd et fonce vers mon ami.

Celui-ci, sans quitter des yeux sa future venaison cherche à tâtons son fusil, épaule son parapluie, met en joue, semble hésiter et tire. Miracle : Le sanglier s'écroule, tué net !

Gaston se tut. Il attendait une réaction.

Un silence très bref et le petit vieux lança, tout sourire, content d'être le premier à trouver la solution à ce problème facile :

– Ce n’est pas possible, quelqu’un l’a tiré pour lui !

– Oui, c’est exactement ce que je voulais te dire.

Aussitôt, tout le monde s’esclaffa. Sans retenue. Gaston était toujours leur vedette. Il était revenu et comme autrefois, avait retrouvé son statut légendaire de comique de leur troupe.

La bonne humeur d’autrefois était revenue : l’ambiance était à la fête.

C’est alors que le visage de son vieil ami se décomposa, ses épaules s’affaissèrent, il s’écrasa lentement, littéralement dans sa chaise.

Gaston réalisa son énorme, monumentale, ignoble, incommensurable maladresse.

Il ressentit un immense malaise. La même compassion, en même temps que le même dégoût, avec cette épouvantable envie de vomir que quelques mois auparavant, au moment où il réalisa la perte de son plus proche compagnon de tranchée. Ils avaient vécu ensemble cette boucherie depuis les tout premiers jours.

Et tout ça pour un bon mot, pour faire rire tout le monde et rester le plus…

Le plus quoi ?

La honte succéda au souvenir atroce.

Comment se faire pardonner ?

L’inutilité dans toute sa splendeur.

C’était trop tard.

Il venait d’occire son quatrième trophée de la journée.

Il se recula au plus profond de sa chaise. Et décida de boire jusqu’à l’oubli.

Epilogue

Gaston est mort en décembre 1952, il avait 64 ans.

Sa fin de vie fut marquée par une dyspnée très invalidante.

Son troisième (et dernier) fils naquit en 1919. Il fit une Grande École d'ingénieurs.

Rendez-Vous au Tome 2.

Achevé d'imprimer en France par

Centre
Littéraire
d'Impression
Provençal

imprimerie-clip.com

Imprimé sur papier **Clairefontaine** fabriqué dans les Vosges.